Mijn kind een Kanjer!

# Mijn kind een Kanjer!

Help je kind bij het ontwikkelen van sociale vaardigheden

Herberd Prinsen

Bohn Stafleu van Loghum
Houten 2009

© 2009 Bohn Stafleu van Loghum, onderdeel van Springer Uitgeverij

Alle rechten voorbehouden. Niets uit deze uitgave mag worden verveelvoudigd, opgeslagen in een geautomatiseerd gegevensbestand, of openbaar gemaakt, in enige vorm of op enige wijze, hetzij elektronisch, mechanisch, door fotokopieën of opnamen, hetzij op enige andere manier, zonder voorafgaande schriftelijke toestemming van de uitgever.

Voor zover het maken van kopieën uit deze uitgave is toegestaan op grond van artikel 16b Auteurswet 1912 j° het Besluit van 20 juni 1974, Stb. 351, zoals gewijzigd bij het Besluit van 23 augustus 1985, Stb. 471 en artikel 17 Auteurswet 1912, dient men de daarvoor wettelijk verschuldigde vergoedingen te voldoen aan de Stichting Reprorecht (Postbus 3051, 2130 KB Hoofddorp). Voor het overnemen van (een) gedeelte(n) uit deze uitgave in bloemlezingen, readers en andere compilatiewerken (artikel 16 Auteurswet 1912) dient men zich tot de uitgever te wenden.

Samensteller(s) en uitgever zijn zich volledig bewust van hun taak een betrouwbare uitgave te verzorgen. Niettemin kunnen zij geen aansprakelijkheid aanvaarden voor drukfouten en andere onjuistheden die eventueel in deze uitgave voorkomen.

ISBN 978 90 313 7199 0
NUR 854, 770

Ontwerp omslag: A-Graphics Design, Apeldoorn
Ontwerp binnenwerk: Studio Bassa, Culemborg
Automatische opmaak: Crest Premedia Solutions (P) Ltd., Pune, Maharashtra, India

Eerste druk, eerste oplage 2009

Bohn Stafleu van Loghum
Het Spoor 2
Postbus 246
3990 GA Houten
www.bsl.nl

Kritiek kan zijn als een zachte regen die iemands groei bevordert zonder zijn wortels te ondergraven

# Inhoud

|  | Inleiding | IX |
|---|---|---|
| 1 | **Wat zijn dat eigenlijk: 'sociale vaardigheden'?** | 1 |
| 1.1 | Wat doen ze? | 1 |
| 1.2 | Verkenningen/verschijnselen | 3 |
| 2 | **Training of therapie/hulpverlening?** | 5 |
| 2.1 | Training, bij te weinig en/of onhandige vaardigheden | 6 |
| 2.2 | Therapie, als er meer aan de hand is dan sociaal onhandig gedrag | 7 |
| 3 | **Waar komt sociaal (on)handig gedrag vandaan?** | 10 |
| 3.1 | Context en loyaliteit | 10 |
|  | Het begrip loyaliteit | 12 |
| 3.2 | Balans tussen geven en ontvangen | 14 |
| 3.3 | Reflectie op de eigen vaardigheden | 17 |
|  | Fase 1: gewenste situatie | 20 |
|  | Fase 2: terugblikken | 20 |
|  | Fase 3: bewustwording | 20 |
|  | Fase 4: alternatieven | 20 |
|  | Fase 5: handelen | 21 |
| 3.4 | Van generatie op generatie | 21 |
| 3.5 | Loslaten of vasthouden | 23 |
| 3.6 | Oorzaak of schuld | 24 |
| 3.7 | Zelfvertrouwen of zelfvalidatie | 26 |
| 4 | **Is mijn kind sociaal vaardig?** | 28 |
| 4.1 | Signaleren en herkennen | 29 |
|  | Enkele signaleringsinstrumenten | 29 |
| 4.2 | 'Ik zie, ik zie, wat jij ook ziet' (observeren) | 32 |
| 4.3 | Testje, diagnose en advies | 33 |

| | | |
|---|---|---|
| **5** | **Begeleiding voor ouders/verzorgers** | 37 |
| 5.1 | Zelfvertrouwen: waar kun je dat halen? | 37 |
| | Voordelen van begeleiding bij sociale vaardigheden voor jou als kind | 39 |
| | Evaluatie van het (begeleidings)gesprek met je kind | 39 |
| 5.2 | Oefeningen en opdrachten voor ouder en kind | 40 |
| 5.3 | Oefeningen en opdrachten die je extern kunt uitvoeren | 61 |
| 5.4 | Evaluatie van de totale begeleiding | 62 |
| **6** | **Verbinding met begeleiding door derden** | 63 |
| 6.1 | De dynamische driehoek | 64 |
| 6.2 | Wat kunnen we samen? | 66 |
| **7** | **Begeleiding voor de jongere zelf** | 68 |
| 7.1 | Oefeningen en opdrachten voor jongeren, eventueel begeleid door ouders/verzorgers | 69 |
| | **Bijlage 1: Kernbegrippen uit de (contextuele) begeleiding** | 79 |
| | **Bijlage 2: Formulieren bij de oefeningen** | 85 |
| | **Nawoord** | 89 |
| | **Bronnen** | 91 |
| | **Over de auteur** | 93 |

# Inleiding

Tienminutenavond. De mentor vertelt. Peters ouders luisteren. Stijgende verbazing is van hun gezichten af te lezen. 'Meneer,' onderbreekt Peters moeder de mentor, 'hebt u het over ónze Peter?!'

We leven allemaal in verschillende 'werelden': thuis, op het werk, op de sportclub, in de kerk, op school. Elke wereld heeft haar eigen sociale patroon. Soms zijn die patronen heel verschillend van elkaar. Dus we gedragen ons in de ene wereld wel eens anders dan in de andere. Soms doet iemand dat zó anders, dat hij er onherkenbaar door wordt: de Peter op school is een totaal andere jongen dan de Peter thuis. Logisch dat zijn ouders, en vervolgens de mentor, verbaasd zijn: ze hebben het als het ware over verschillende Peters. Dit boek gaat over sociaal gedrag. Het is bedoeld voor ouders die zich zorgen maken over het sociale gedrag van hun kind en voor jongeren die vragen hebben over hun sociaal (on)handige gedrag. Het behandelt vragen die u zelf hebt of vragen die rijzen in gesprekken met anderen, bijvoorbeeld de mentor. Maar ook vragen van uw kind, bijvoorbeeld over het lukken of mislukken van contacten met anderen. In vaktermen: dit boek gaat over vragen over sociale vaardigheden.
Om te beginnen zullen we kijken wat het begrip sociale vaardigheid eigenlijk inhoudt. Daarna gaan we kijken naar de oorsprong van menselijk gedrag. Gedrag leidt vaak tot vragen en – helaas ook vaak – tot problemen, bijvoorbeeld: sociale angst, sociale onhandigheid. Onder andere vanuit de context gaan we op zoek naar mogelijke aanleidingen voor of oorzaken van het gedrag en kijken we welke mogelijkheden deze context ons biedt om antwoorden te vinden of problemen op te lossen.

Daarmee is de kern van dit boek bepaald: hoe herken je sociaal onhandig gedrag, hoe maak je het bespreekbaar en wat kun je er – samen, als ouders en kind – aan en mee doen.

Ouders vragen zich af:
- 'Wat doet het mij als ik geconfronteerd word met dit gedrag van mijn kind?'
- 'Hoe kan ik mijn kind begeleiden?'
- 'Wat kan of moet mijn kind zelf doen?'
- 'Wat moet ik wel en vooral niet doen?'

Antwoorden op dergelijke vragen worden u hier aangereikt in de vorm van praktische handvatten: tips, oefeningen die u kunt doen, vragen die u met uw kind kunt bespreken, opdrachten waar het kind zelf mee kan oefenen.

Ten slotte bespreken we hoe u goed contact kunt leggen met een van de andere belangrijke leefwerelden van uw kind: de school. Wat kan de school doen, wat kunt u samen met de school doen?

Een woord van dank gaat uit naar de leerlingen en hun ouders op wie wij de oefeningen mochten uitproberen.

Verder een woord van dank aan familie, vrienden en collega's, die ons elke keer weer bemoedigden en tot nieuwe inzichten brachten.

Als auteur van deze gids voor ouders en kinderen wil ik graag mijn medeauteur Anne Terpstra bedanken voor zijn bijdrage.

Hierdoor heeft dit boek die hoge kwaliteit gekregen die nodig is om ouders en hun kind(eren) praktische handreikingen te bieden tijdens de opvoeding en groei naar verantwoordelijke volwassene. Deze gids wil ouders en kinderen helpen deze periode zonder al te veel kleerscheuren te doorlopen.

Anne, bedankt voor je inzichten, kennis en praktische vaardigheden. Ik wens de lezer en gebruiker veel plezier.

Herberd Prinsen
Houten, april 2009

'Ja,' antwoordt de mentor, 'het gaat over uw zoon Peter. Wij maken ons zorgen over hem. Maar ik merk dat wij een ander beeld van hem hebben dan u.'
Er volgt een boeiend gesprek.

# 1 Wat zijn dat eigenlijk: 'sociale vaardigheden'?

## 1.1 Wat doen ze?

Al heel jong leren kinderen hoe ze contact kunnen maken met andere mensen. De manier waarop de omgeving reageert op hun eerste pogingen om contact te maken met de buitenwereld, zijn mede bepalend voor het ontwikkelen van de eerste sociale vaardigheden. Die ontwikkeling verloopt eerst langzaam, maar al gauw in een hoog tempo. En bij alle nieuwe contacten met de omgeving waarin vaardigheden worden aangeleerd (ontwikkeling van identiteit, zelfstandigheid en sociale redzaamheid) ontwikkelen zich de sociale vaardigheden parallel. Goede sociale vaardigheden spelen een belangrijke rol in het leven. Het gaat om vaardigheden die nodig zijn om te kunnen werken en spelen met anderen. De uitkomst van dit proces, de sociale ontwikkeling, wordt gezien als een essentieel onderdeel van de persoonlijkheid. Het is een proces dat niet beperkt blijft tot de jonge mens, maar een mensenleven lang duurt.

Kinderen die sociaal vaardig zijn, zijn meestal populair. Kinderen die minder sociaal vaardig zijn lopen het risico afgewezen te worden door leeftijdgenoten en hebben vaak aanpassingsproblemen. Er bestaat een kans dat zij uitgesloten worden. In zo'n situatie komt het verwerven van sociale vaardigheden onder druk te staan en kunnen ze nog meer in een isolement raken. Gebeurt er vervolgens niets dan is de kans aanwezig dat deze sociale problemen toenemen en dat bijvoorbeeld in de schoolprestaties en op andere gebieden groeiende achterstanden ontstaan.

Jongeren weten niet meer welk sociaal gedrag hun omgeving van hen verwacht. Dat leidt vervolgens weer vaak tot problemen die te maken hebben met onder andere afhankelijkheid, teruggetrokkenheid en agressie.

Kinderen met sociale problemen kunnen we hier vaak aan herkennen. Er zijn kinderen die zich terugtrekken en niet meer voor zichzelf opkomen. Zij hebben weinig of geen contact met hun leeftijdgenoten, vallen nauwelijks op in de klas en worden vaak als makkelijk en meegaand ervaren in de klas. Deze kinderen zijn schuw, passief en richten zich vaak sterk naar de wens van anderen. Ze komen niet voor zichzelf op en vinden het vaak moeilijk om hun boosheid te uiten. Angst en onveiligheid zijn vaak de basis van hun sociale problemen.

> Joris komt regelmatig huilend bij zijn mentor omdat hij wordt gepest. Tijdens gym en in de pauze pakken klasgenoten vaak zijn spullen af. Hij weet dan niet hoe hij moet reageren en wacht hulpeloos af. Zijn moeder brengt en haalt hem omdat hij onderweg ook wordt lastiggevallen. Joris is eenzaam en heeft op school geen vrienden.

Het komt ook voor dat de omgeving en de school deze kinderen nauwelijks als problematisch ervaren.

> Cynthia wil erg graag geaccepteerd worden door de meisjes uit haar klas. Ze neemt snoep mee naar school om hun vriendschap te kopen. Als de eisen van de anderen steeds hoger worden heeft ze geen weerwoord. Uiteindelijk dwingen ze haar om elke vrijdag geld mee te nemen en daarvan te trakteren. Als haar zakgeld op is, heeft ze het gevoel helemaal klem te zitten.

Anderen proberen wel contact te leggen, maar zij doen dit op de verkeerde manier. Ze slaan, duwen, schreeuwen of maken ruzie. En waar de eerstgenoemden zich terugtrekken en het hun omgeving makkelijk maken, zijn deze kinderen overheersend en hinderlijk voor hun omgeving (of een deel daarvan). Deze groep kinderen wordt door hun omgeving en school wel als problematisch ervaren. Het gedrag van beide groepen lijkt tegengesteld.

> Kevin is op zijn vorige school erg gepest. Hij heeft zich voorgenomen dat hem dat op zijn nieuwe school niet meer zal gebeuren. Vanaf de eerste dag overschreeuwt hij zichzelf en treitert hij jongere leerlingen. Zijn klasgenoten zijn bang voor hem. Eigenlijk zou hij graag echte vrienden maken, maar hij weet niet hoe dat moet.

Wessel is een aardige, erg drukke jongen. Hij zoekt op allerlei manieren contact met klasgenoten, maar is daar erg onhandig in. Hij stoot ze aan, verstopt hun spullen, verstoort hun spel en is verbaasd wanneer ze dat niet zo grappig vinden als hij het had bedoeld.

Kimberly is een harde werker, maar ze raakt vreselijk snel aangebrand als iemand kritiek op haar heeft. Ze heeft daardoor veel conflicten, zowel met leerkrachten als met klasgenoten. Ze reageert dan fel, dus de conflicten escaleren snel. Ze heeft het gevoel dat iedereen haar moet hebben.

Hoe verschillend ze ook zijn, toch hebben al deze kinderen iets gemeen, namelijk dat zij het moeilijk vinden de verwachtingen van hun omgeving juist in te schatten. En als er al een inschatting is dan is die meestal negatief. Ze hebben gedachten als: 'Ik weet zeker dat dit mij niet lukt, dat ik niet geaccepteerd word' of 'Ze geloven me toch niet, ze moeten ook altijd mij hebben'. Dit negatieve zelfbeeld leidt tot nog onhandiger gedrag, waardoor ze vaker falen. Dit is weer een bevestiging van hun negatieve verwachtingen. Dit gebrek aan vertrouwen in hun eigen sociale kunnen leidt tot irritaties en frustraties, zowel bij de leerling als bij de omgeving. Hun zelfvertrouwen daalt nog verder, hun zelfbeeld wordt steeds negatiever. Ze voelen zich eenzaam en ongelukkig. Zo ontstaat een negatieve spiraal, die vaak leidt tot sociale incompetentie en isolement.

## 1.2   Verkenningen/verschijnselen

Er zijn verschillende oorzaken die een rol spelen bij het ontstaan van sociale problemen. Allereerst zien we vaak dat een of beide ouders van kinderen met sociale problemen zelf ook moeite hebben met sociale situaties of dit in ieder geval in hun jeugd hebben gehad. Enerzijds lijkt hier erfelijkheid een rol te spelen. Anderzijds zien we ook dat het kind niet de juiste non-verbale en verbale vaardigheden leert van zijn of haar ouders. Dit betekent niet dat ouders per definitie 'schuldig' zijn, maar het is een feit dat zij wel een belangrijke context vormen voor de ontwikkeling van hun kind in zijn algemeenheid, en dus ook op het gebied van de sociale ontwikkeling. Dit is een van de redenen om ouders actief te betrekken bij het begeleiden van de sociaal-problematische situatie van hun kind. Niet alleen de expert of de school, maar ook zij kunnen hier een belangrijke rol spelen.

Een kind kan soms ook sociale problemen ontwikkelen doordat het een vervelende en/of traumatische ervaring heeft gehad op sociaal gebied (heel erg gepest, in elkaar geslagen en dergelijke). En soms ontstaan de problemen doordat het kind verkeerd over zichzelf en zijn of haar omgeving denkt. Deze kinderen denken vaak: 'Niemand wil toch met mij bevriend zijn, iedereen vindt me raar. Ik doe het toch altijd verkeerd.' Door deze onjuiste gedachten vermijdt het kind sociale situaties en zal het vaak geen sociale vaardigheden leren. Ook het gebrek aan bevestiging en erkenning van wie je bent en wat je doet, kan tot isolement leiden, waardoor het kind geen sociale verbindingen aangaat en dus niet groeit in sociale vaardigheid. Het is heel goed mogelijk dat de problematiek zich geheel of gedeeltelijk onttrekt aan het blikveld van de ouders en dat zij totaal niet begrijpen in welke situatie hun kind verkeert.

# 2 Training of therapie/hulpverlening?

**Bewustwording wordt de sleutel voor veranderen**

Peter is een zeer opvallende leerling die voortdurend conflicten heeft met medeleerlingen en de schoolleiding. Bij een leerlingbespreking wordt opgemerkt dat hij 'niet spoort' en dat hij geen enkel invoelingsvermogen heeft voor zijn medeleerlingen. Er moet hulp worden geboden en de schoolpsycholoog moet worden ingeschakeld. Bij het intakegesprek met de psycholoog blijkt dat Peter in zijn vrije tijd een zeer gewaardeerde vrijwilliger is bij een stichting die zich bezighoudt met naschoolse opvang van jonge kinderen. Er is niemand die zo goed met deze groep kinderen kan omgaan als hij. Uit verdere gesprekken blijkt dat Peter wel degelijk het vermogen heeft om op een goede manier met anderen om te gaan, maar dat hij dit niet kan met leeftijdgenoten en volwassenen. In een programma waarin omgangsvaardigheden centraal staan, leert Peter zijn sociale vaardigheden ook in de schoolsituatie op een juiste manier te gebruiken.

Sociale problemen kunnen heel bepalend zijn voor het leven van een kind. Het is daarom goed de problemen serieus te nemen en aan te pakken, ook omdat sociale problemen kunnen leiden tot andere problemen. Het doel van alle behandelingen is bestaande sociale vaardigheden te vergroten en nieuwe aan te leren. Waar het om gaat is kinderen te leren wat ze kunnen doen, en hun zelfvertrouwen te vergroten waardoor ze het ook durven te doen.
Om de diagnose van sociaal incompetent gedrag goed te kunnen stellen is onderzoek nodig. Hiervoor zijn signaleren en reflecteren erg belangrijk. Met behulp van deze informatie kan worden vastgesteld of er werkelijk sprake is van een sociaal probleem en op welk vlak het kind het meest geholpen is met begeleiding. Zo hebben sommige kinderen het meest aan hulp op het emotionele vlak. Zij leren bijvoorbeeld

om minder bang te zijn. Een ander kind heeft meer aan hulp op het cognitieve vlak. Dit houdt in dat het kind geleerd wordt het sociale gedrag van anderen te begrijpen en ook te voorspellen. Het kind leert ook dat het ook anders kan reageren in een bepaalde situatie. En weer een ander kind heeft de meeste baat bij motorische begeleiding, in de zin dat het kind leert hoe het kan spelen met andere kinderen en hoe je contact kunt leggen zonder te duwen en te trekken.

## 2.1  Training, bij te weinig en/of onhandige vaardigheden

De behandelingsmogelijkheden van sociale problemen zijn in te delen in vier groepen:

1. Sociaal gedrag wordt aangeleerd door gewenst gedrag te belonen en ongewenst gedrag te bestraffen.
   Doe iets goed en je krijgt iets leuks, doe iets fout en je krijgt 'slaag'. Bij deze aanpak wordt begonnen met eenvoudig gedrag, maar al snel moet je meer en beter presteren: de eisen voor een beloning worden steeds hoger gesteld. Deze methode is goed om bestaand gewenst gedrag te bevorderen en ongewenst gedrag te doen afnemen. Maar voor het leren van nieuw sociaal gedrag is deze methode niet geschikt. Het kind weet namelijk niet van te voren wat het effect, en dus de beloning of straf, zal zijn en door de angst en onzekerheid zal deze methode niet werken bij het aanleren van nieuwe sociale vaardigheden.
2. Sociaal gedrag wordt aangeleerd door middel van *modeling*.
   Het kind observeert een groep kinderen die sociaal vaardig zijn en bespreekt dit met de hulpverlener. Deze methode is wel geschikt om nieuw gedrag aan te leren en wordt vaak gecombineerd met de bovenstaande methode.
3. Sociaal gedrag wordt aangeleerd door het kind te leren sociale signalen uit de omgeving te herkennen en juist te interpreteren.
   Het denken van het kind wordt als het ware veranderd. Het kind krijgt een sociale situatie beschreven, waarna de volgende vragen worden besproken: wat gebeurt er, hoe kan ik reageren (meerdere mogelijkheden), wat is de beste reactie, wat gebeurt er dan, was het de beste reactie? Om deze methode te kunnen toepassen moet het kind gemotiveerd zijn en redelijk slim.
4. Sociaal gedrag wordt aangeleerd via een socialevaardigheidstraining.
   In deze training worden de drie bovenstaande methoden samen toegepast, gecombineerd met rollenspelen en oefeningen. Deze training vindt vaak in groepsverband plaats. Het kind doet dan ook positieve sociale ervaringen op in de groep en krijgt hierdoor meer zelfvertrouwen.

Met behulp van de oefeningen in hoofdstuk 5 kun je ook als ouder je kind individueel begeleiden en een helpende hand bieden. En het kind kan zelf experimenteren om zichzelf te helpen met de oefeningen in hoofdstuk 7.

## 2.2 Therapie, als er meer aan de hand is dan sociaal onhandig gedrag

Wij gaan ervan uit dat de sociaal-emotionele ontwikkeling te maken heeft met de verwerving van kennis, inzicht, vaardigheden en houdingen door kinderen betreffende datgene wat zich binnen henzelf, binnen anderen en tussen anderen afspeelt. Het is duidelijk dat daarbij innerlijke oorzaken een (soms belangrijke) rol spelen.

Zowel Hermans als Deley zeggen over dit innerlijke proces dat de sociaal-emotionele ontwikkeling verbonden is aan twee zijden van de persoonlijkheid: een zijde die gericht is op het ik en een zijde die gericht is op de ander en het andere.

Vanuit dit perspectief zijn er twee motieven op grond waarvan mensen handelen: het Z(elf)-motief en het A(ander en het andere)-motief.

Het Z-motief is de drijfveer voor het ontwikkelen van het eigen ik en van de eigen mogelijkheden en kwaliteiten. Hermans spreekt hier over gevoelens van eigenwaarde, trots, kracht en zelfverzekerdheid.

Het A-motief is de drijfveer voor het ontwikkelen van een goede verstandhouding met anderen en het andere. Leidraad hierbij zijn gevoelens als tederheid, liefde, zorgzaamheid en intimiteit.

Volgens Hermans moeten beide motieven evenredig ontwikkeld worden wil men kunnen spreken van een harmonische sociaal-emotionele ontwikkeling.

In het perspectief van deze motieven krijgt de sociaal-emotionele ontwikkeling de volgende dimensies:
- de *cognitieve dimensie*: deze heeft betrekking op het begrijpen van en inzicht hebben in zichzelf, de ander en de relatie daartussen;
- de *gedragsdimensie*: deze heeft betrekking op het in de praktijk kunnen omgaan met zichzelf en de ander; Deley onderscheidt ik-gerichte vaardigheden en sociale vaardigheden.
- de *belevings- en attitudedimensie*: deze heeft betrekking op hoe iemand zichzelf en de ander waardeert en hoe dat vertaald wordt in mentaliteit en opstelling; het gaat hier om zelfvertrouwen en vertrouwen in de ander; morele waarden en normen zijn hierbij belangrijk.

Het begeleiden van kinderen met sociale problematiek zal zich bij de dagelijkse begeleiding in eerste instantie richten op de cognitieve en gedragsdimensie. Oftewel: wij gaan ervan uit dat we het kind eerst moeten vertellen dat er ook andere mogelijkheden voor gedrag zijn en dat dit andere gedrag te leren is. Dit leren is ervaringsgericht en vindt plaats in praktische trainingen. Het kind ervaart dat het sociaal kan functioneren. Als deze benadering geen of onvoldoende resultaten oplevert zal de belevings- en attitudedimensie meer 'in beeld' komen. Naast of in plaats van training is dan vaak een therapeutische benadering nodig om het kind vertrouwen te geven in zichzelf en ervan te overtuigen dat het 'goed' is voor hem en zijn omgeving.

> Rosanne is een meisje dat buiten de groep staat, zich opvallend kleedt en nauwelijks aanspreekbaar is. Als zij in een gesprek met haar begeleider de vraag krijgt voorgelegd of zij aan een training sociale vaardigheden wil meedoen, is haar eerste, heftige reactie: 'Ik ben niet gek, laat die anderen maar eens normaal doen!' In het vervolg van het gesprek blijkt dat zij deze uitspraak letterlijk bedoelt. Zij heeft al zo vaak gehoord dat zij 'niet spoort', dat meedoen aan zo'n training in haar beleving de bevestiging is van dat wat mensen tegen haar zeggen, namelijk: jij bent gek en wij zijn normaal. Wat Rosanne in een training zou kunnen leren is waarom mensen op haar reageren zoals ze reageren, wat zij hierover tegen zichzelf maar ook nadrukkelijk tegen die anderen zou kunnen zeggen en wat voor gevolgen dat voor haar zou kunnen hebben.

Soms is het handig om ingewikkelde theorieën te schematiseren.
Zie hiervoor schema 1.
Menselijk gedrag vindt altijd zijn oorsprong in het vervullen van een aantal basisbehoeften. Als het gaat om sociaal functioneren spelen de behoeften aan autonomie, relatie, competentie en zelfvertrouwen een belangrijke rol. Centraal hierbij staan de vragen die te maken hebben met identiteit/autonomie (wie ben ik?) en competentie (wat kan ik?). Maar deze vragen kunnen nooit afdoende worden beantwoord als daar de begrippen *zelfvertrouwen* (mag ik zijn wie ik ben, heb ik invloed op mijzelf en op anderen?) en *relaties* (wat vind ik van anderen en wat vinden anderen van mij, ben ik waardevol en is een ander waardevol voor mij?) niet bij betrokken worden.
Als we deze vier basisbehoeften in een denkbeeldig vierkant plaatsen (zie schema 1) en we gaan uit van de begrippen *autonomie* en *competentie*, dan spelen gevoelens en inlevingsvermogen een rol als het gaat

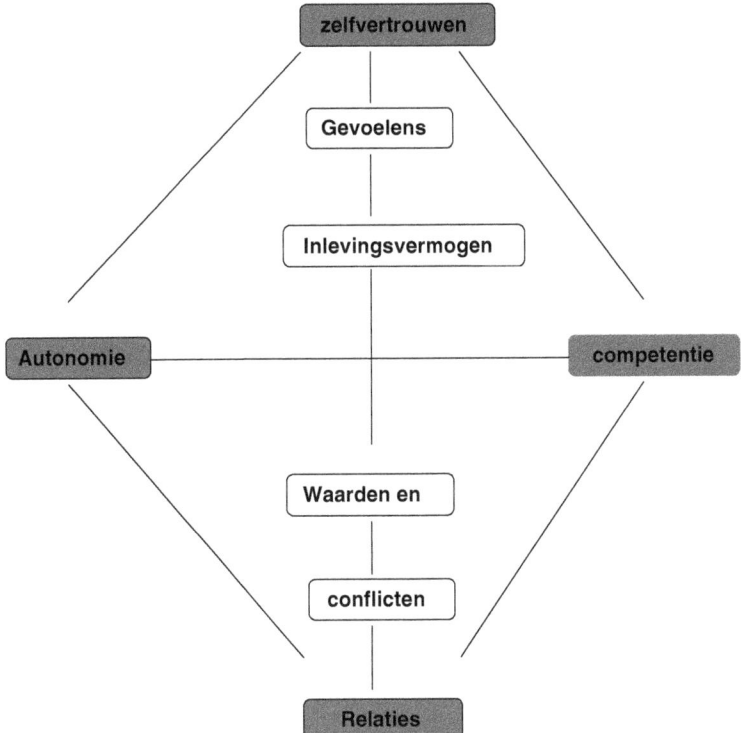

Schema 1

om wat je kunt en durft. Het gaat erom dat je om kunt gaan met het beeld van jezelf en je eigen gevoelens. Dat zijn de voorwaarden voor zelfvertrouwen. Als we weer vertrekken vanuit de begrippen autonomie en competentie en we kijken nu naar onze houding in relaties, dan staan de ideeën en gedachten over anderen en de wereld om mij heen centraal. Oftewel: mijn relaties worden mede vormgegeven door wat ik vind (waarden en normen) en hoe ik daarmee om wil gaan (conflicten).

Als het schema hierboven zowel langs de denkbeeldige verticale als horizontale as in balans is, dan kunnen wij spreken van evenwichtig sociaal gedrag. Is deze balans er niet of is die langdurig verstoord, dan spreken wij van sociaal onhandig gedrag.

# Waar komt sociaal (on)handig gedrag vandaan?

Tijdens een ouderavond rond het thema sociaal (on)handig gedrag lopen er nogal eens wat ouders met een schuldgevoel rond. In hun hoofd zweven dan gedachten als: 'Wij zullen het wel verkeerd gedaan hebben in de opvoeding van ons kind.' Of: 'Wat gaat de school doen om het pesten van mijn kind te stoppen?' Of: 'Hoe komt het toch dat mijn kind op school zo veel problemen heeft, terwijl het thuis prima gaat?' Of: 'Is mijn kind het enige dat het zo moeilijk af gaat?' Enzovoort. Lucy (15 jaar):

> *Mijn moeder is altijd erg veeleisend en bezorgd om mij. Als ik iets wilde gaan doen, vertelde ze me altijd eerst waar ik vooral op moest letten en wat er allemaal fout kon gaan, en hoe ik alles het best kon aanpakken. Als ik op schoolreis ging, had ik altijd het meeste bij me. Zodat ik op alles voorbereid was, en dat ik voldoende snoep had om te delen met kinderen die van hun ouders niets of te weinig hadden meegekregen. Tijdens de maaltijden thuis werd er vaak gesproken over hoe belangrijk het was om anderen te helpen en altijd voor anderen klaar te staan. Anderen helpen waar dat kan is er met de paplepel ingegoten. Toen ik laatst bezig was mijn tas in te pakken voor een excursie naar Burgers Zoo betrapte ik mij erop dat ik me afvroeg wat mijn moeder nu zou inpakken. Dat zorgde ervoor dat ik weer met de grootste en zwaarste tas op excursie ging, waardoor ik al rond de middag last van mijn rug en schouders had. Ik dacht nog: wanneer leer ik nu eens op eigen benen te staan en voor mezelf, in plaats van altijd voor anderen, te zorgen?*

## 3.1  Context en loyaliteit

Denken dat het aan de school ligt, is net zo fout als denken dat het aan de ouders ligt. Hiermee doe je zowel de school als de ouders onrecht en is de kans groot dat beide ergens, meestal bij onschuldige derden, hun gram gaan halen. Hier schiet niemand iets mee op. Als het aan de school zou liggen, zouden alle leerlingen op de school probleemgedrag vertonen. En als het alleen aan de ouders ligt, waarom heeft dan niet ieder kind uit het gezin last van pesterijen? Natuurlijk spelen de school en ouders een belangrijke rol in de ontwikkeling van het kind. Maar door een van beide de schuld te geven los je het probleem niet op. De persoonlijkheid van een kind wordt bepaald door allerlei factoren, zoals aanleg, omgevingsfactoren, ouders, gezin, school, buurt en vrienden.

Dergelijke factoren hebben we nauwelijks in de hand en dus kan er geen sprake zijn van 'schuld'. Wij spreken dan ook liever van *omgevingsfactoren die voor sociaal handig of onhandig gedrag kunnen zorgen*. Het enige waar een kind niet voor kan kiezen is de band met zijn ouders en andere familieleden. De Amerikaanse kinderpsycholoog Nagy (spreek uit 'notsj') noemt de verbinding tussen (groot)ouders en kinderen een 'verticale loyaliteit'. Dit wil zeggen dat er een opeenvolging is van generaties. Daarnaast bestaat er ook een 'horizontale loyaliteit'. Dit is de verbinding met alle andere mensen, bijvoorbeeld vrienden, kennissen, collega's en je partner. In deze door loyaliteit gekenmerkte relaties is er sprake van een voortdurend wederzijds geven en ontvangen. Het is een voorwaarde voor alle verbindingen, maar in het bijzonder voor de verticale loyaliteit, te kunnen geven en te kunnen ontvangen. Een kind vindt het heerlijk om te ontvangen en groeit als het kan geven.

Ouders die van hun kind kunnen ontvangen, laten daarmee zien wat hun kind voor hen betekent. Dit geven en ontvangen moet wel in evenwicht zijn. Dit is meestal wel het geval maar soms kan de balans naar een van beide kanten doorslaan. Als kinderen te veel worden verwend, kan dat verstikkend werken, doordat ze alleen maar steeds moeten ontvangen en nooit eens kunnen of mogen geven. Het kan ook zo zijn dat kinderen juist heel veel moeten geven. Ook in dat geval is de balans zoek.

Als kinderen om aandacht en/of (h)erkenning schreeuwen of als ze in sociale situaties komen waarin ze zich geen raad weten, kan dat allerlei oorzaken hebben. Het is niet zo interessant om te kijken wie er schuldig is en hem dan schuldig te maken. Veel belangrijker is het om het kind hulp aan te bieden. Natuurlijk moeten het kind en zijn ouders er wel van overtuigd zijn dat ze het anders willen doen en dat ze allebei kunnen en mogen veranderen. Ouder en kind moeten het sociaal onhandige gedrag herkennen en erkennen, en bereid zijn hier samen, eventueel met hulp van derden, aan te gaan werken.

## HET BEGRIP LOYALITEIT

Loyaliteit betekent dat je trouw bent aan iets of iemand. Je neemt het op voor iedereen met wie je een loyaliteitsband hebt. Als er kwaad wordt gesproken van je vriend, voetbalclub of straat, voel je de neiging om daartegen in te gaan. Hoe groter je verbondenheid met een groep, des te sterker je reactie. Mensen die loyaal zijn worden gewaardeerd. Loyaal zijn zolang dat verantwoord is, is fair, een kwestie van billijkheid, van ethiek. Hoe meer mensen voor elkaar betekenen, of anders gezegd, hoe groter hun wederzijdse 'verdiensten' zijn, des te sterker en verplichtender hun loyaliteit is. De band met de korfbaltrainer van je zoon is sterker dan met de korfbaltrainer van een ander team.
Het kind heeft zijn bestaan te danken aan de ouders en is dus loyaal aan die ouders. Door als ouders een kind op deze wereld te zetten ben je verantwoordelijk voor dit kind. Dit alles betekent voor het kind een loyaliteit met zijn ouders, het gezinssysteem en de rest van de context. De bijzondere band tussen ouders en kinderen wordt ook wel 'zijnsloyaliteit' of 'existentiële loyaliteit' genoemd. Deze loyaliteit is niet een gekozen loyaliteit, maar is gebaseerd op een gemeenschappelijke oorsprong en een gemeenschappelijke erfenis van gezins- en familieleden door de generaties heen. Deze 'zijnsloyaliteit' met ouders is van een andere orde dan de (horizontale) loyaliteit die je met alle andere mensen hebt. De verbinding tussen ouder en kind is een bijzondere verbinding en blijft altijd bestaan, zelfs over de grenzen van de dood heen, of we dat nu willen of niet. Je kunt niet zeggen: je bent mijn ex-vader of ex-dochter. Je kunt wel besluiten je ouders of je kind niet meer te zien en/of te spreken, en mensen die dit hebben besloten weten hoeveel pijn dit kost. Kinderen zullen dus altijd de boodschappen uit het gezin van herkomst oppakken en uitvoeren. Overigens kan de vorm waarin ze de boodschap uitvoeren, verschillen.
Een socialevaardigheidstrainer:

> *De mentor van André (16 jaar) had aan de socialevaardigheidstrainer gevraagd of hij een gesprek wilde voeren met André omdat hij zich ernstig zorgen maakte over zijn agressieve gedrag. Tijdens het gesprek vertelt André mij dat hij veel verdriet heeft en erg boos is omdat zijn ouders gaan scheiden. Hij vertelt verder dat zijn moeder vaak erg verdrietig is als vader dronken thuis komt en zich agressief gedraagt tegen haar en de kinderen. Ze kan hier niet meer tegen en ze gaat er bijna aan onderdoor. Vader is 45 en sinds een half jaar werkloos. Overdag is hij vaak op pad met een paar vrienden met wie hij dan in de kroeg gaat kaarten om geld. Als ik André vraag naar zijn agressieve gedrag op school, begint hij*

> te huilen. Hij vertelt dat hij veel wordt gepest. Met name omdat
> hij geen merkkleding draagt en niet mee gaat stappen. Als hij dit
> thuis vertelt, zegt zijn vader: 'Als ze je weer pesten, sla je er maar
> op, dan stoppen ze wel.' Verder vertelt André dat zijn vader wil dat
> hij bij hem gaat wonen, omdat moeder niet goed voor hem zorgt.
> Moeder heeft 'een mietje van hem gemaakt' en dat is de reden dat
> hij op school wordt gepest. André wil graag bij zijn moeder blijven
> wonen en alleen de weekenden eventueel bij vader logeren. Voor
> vader is dit niet bespreekbaar, moeder is de schuld van alle ellende
> en hij wil niet dat zijn zoon hier nog langer last van heeft.

Loyaliteit kan ook negatief werken. Dat zie je bijvoorbeeld als het kind zijn sociale onhandigheid gaat inzetten om de ouders weer bij elkaar te krijgen. De ouders moeten er dan samen energie in stoppen om het kind weer op de rails te krijgen. Loyaliteit van een kind kan zelfs zover gaan dat het kind de nadelen op de koop toeneemt. Een kind gaat zich dan bijvoorbeeld sociaal onhandig gedragen omdat zijn ouders dit ook doen, of het kind kan juist niet aan een training deelnemen omdat hij dan sociaal handiger wordt en hierdoor niet meer loyaal is aan zijn ouders. Sterker nog, loyaliteit zorgt ervoor dat het kind bij het maken van keuzen altijd de stem van zijn ouders volgt. Kinderen denken vaak dat de ouders tekortgeschoten zijn in de opvoeding en door niet aan een training mee te doen, hoeven ze dit niet te erkennen. Voor ouders die in hun jeugd bepaalde negatieve ideeën hebben meegekregen, werkt die verstoring door in hun ouderschap. Ook zij pakken de boodschappen van hun ouders op. Ook zij zijn loyaal aan hun ouders. Ook als je als ouders in de opvoeding van jouw kind totaal tegengesteld doet als jouw ouders bij jou deden ben je zelfs zeer loyaal aan je ouders. Nagy (de grondlegger van het Contextuele gedachtengoed) zegt hierover: 'Als je als ouders de gehele of stukken van de opvoeding totaal tegengesteld doet dan jezelf opgevoed bent handel je superloyaal.' Als het hierdoor namelijk slecht met je kinderen gaat heb je jezelf hier de schuld van te geven en niet je ouders. Het is immers niet te verteren dat je moet zeggen/denken dat je slechte ouders hebt.
Ouders klagen dat de rol die zij spelen vaak wordt onderschat. Met dit in het achterhoofd kun je gaan kijken hoe je als ouder je kind kunt helpen. Ouders zijn betrokken bij het ontstaan en de aanpak van sociale (on)handigheid. Ook zij lijden onder het probleem van hun kind, ook zij hebben hier vaak last van. De band tussen ouders en kind is zo sterk dat je als ouder expliciet aan je kind de boodschap moet geven dat het mag veranderen.

> *'Zoals wij omgaan met conflicten is niet altijd handig. Wij willen of kunnen niet anders, maar jij mag het anders doen.'*

Dit moet een kind eerst horen of zien alvorens het mag/kan veranderen. Vanwege mogelijke loyaliteitsconflicten is het verstandig om als ouders bij een eventuele socialevaardigheidstraining betrokken te zijn, anders is de training gedoemd te mislukken. Het meedoen van de ouders kan de motivatie van het kind verhogen, doordat het kind dat ervaart als 'toestemming om te veranderen'. In zekere zin mag het kind dan 'deloyaal' worden met zijn ouders. Voor ouders is het belangrijk dat ze ten opzichte van de eventuele begeleider(s) van hun kind 'meerzijdig partijdig' zijn. Dit is geen vaardigheid maar een attitude of grondhouding. Je bent vóór de één (bijvoorbeeld je kind) maar niet tégen de ander (bijvoorbeeld de school). Dit is niet hetzelfde als neutraal zijn. Je gaat samen met de begeleider en je kind op zoek naar oplossingen, waarbij je probeert alle belangen te behartigen, ook die van de afwezigen. Je laat iedereen in zijn waarde. Het is aan niemand om voorkeur of afkeer uit te spreken over iemand. Indien je als ouder niet meerzijdig partijdig kunt zijn heeft dit grote invloed op de ontwikkeling en het veranderingsproces van het kind.

## 3.2 Balans tussen geven en ontvangen

> De moeder van Marjanne werd als kind erg verwend, zij moest veel ontvangen. Haar ouders hadden een goed lopend bedrijf en hadden een onuitputtelijke hoeveelheid energie. Een paar van de boodschappen die Marjanne als kind heeft meegekregen zijn: 'doe je best', en 'hou om de lieve vrede je mond'. Dit verwacht zij ook van haar kinderen en zij verwent haar kinderen ook. Twee van de drie kinderen gaan hier goed mee om, maar voor de jongste werkt dit verstikkend. Hij reageert hierop door veel te spijbelen en houdt zich niet aan afspraken. Hierdoor heeft hij vaak ruzie met medeleerlingen en docenten.

Het hele leven van ouders en kinderen staat in het teken van wederzijds geven en ontvangen. Een kind vindt het fantastisch om te ontvangen en groeit door te kunnen geven. Door als ouder van je kind te ontvangen laat je aan je kind zien wat hij voor je betekent en daardoor stijgen de eigenwaarde, het zelfvertrouwen en de zelfafbakening van een kind. In de relatie tussen ouder en kind bestaat meestal een evenwicht. Een verstoring in de balans heeft meestal voor beide kanten gevolgen. Kinderen die veel moeten ontvangen (bijvoorbeeld doordat ze erg verwend worden), raken verstikt, waardoor hun eigenwaarde, zelfvertrouwen en de zelfafbakening vaak in het gedrang komen. Dit alles is een voedingsbodem voor sociaal onhandig gedrag. Dit alles kan ook gebeuren bij kinderen die juist veel (moeten) géven in de relatie met hun ouders en die daar geen erkenning voor krijgen: 'geëxploiteerde kinderen'. Als het geven van een kind niet wordt 'gezien', kan het kind het gevoel krijgen dat het er niet toe doet, dat het niet de moeite waard is. Hierdoor ontstaat een gebrek aan zelfwaardering en/of zelfafbakening waardoor het slecht voor zichzelf opkomt. Volgens Van Dale is symbiose een relatie of samenleven van twee organismen met wederzijds voordeel. Als het kind opgroeit in het lichaam van de moeder, heeft het met zijn moeder een sterk symbiotische relatie, die veelal de eerste maanden na de geboorte blijft bestaan. Moeder en kind hebben in deze periode vaak dezelfde emoties. Moeder weet wanneer een kind huilt ook al hoort ze het kind niet en het kind ervaart de (on)rust van de moeder. Deze symbiotische relatie is voor een kind van groot belang om zich later aan anderen te kunnen hechten. Het kind neemt het vertrouwen dat is opgebouwd met de moeder mee in relaties met anderen, bijvoorbeeld met de vader. Het kind moet vervolgens langzaam loskomen van de ouder om verder te groeien tot volwassene. Als kinderen te vroeg worden losgelaten of te lang worden vastgehouden, kunnen zij problemen krijgen in hun ontwikkeling naar zelfstandigheid. Sommige ouders hebben moeite hun kind los te laten, vaak omdat ze in hun eigen jeugd te vroeg zijn losgelaten of te lang zijn vastgehouden en uit loyaliteit hun kind ook niet los kunnen laten. Voor ouders die zelf moeite hebben om zelfstandig in het leven te staan of die het leven niet nemen zoals het is en er niet van kunnen genieten, wordt het kind vaak de zin van hun bestaan. Verder zie je vaak dat ouders die bij hun partner niet de intimiteit ervaren die ze graag zouden hebben, dit bij het kind gaan zoeken. Dan krijg het kind van zijn ouder(s) de boodschap: 'Jij bent een belangrijk onderdeel in mijn leven, blijf altijd dicht bij mij.' Ook zeer jonge kinderen ervaren deze boodschap soms, ondanks dat deze bijna nooit naar hen gecommuniceerd is. Deze ongezonde compensatie kan in de ontwikkeling voor ouder en kind blokkerend werken. Er zijn ook ouders die zulke goede opvoeders willen zijn, dat zij hun hele leven op het kind richten, waardoor het kind een groot risico loopt in onbalans te komen. Een onbalans tussen geven en ontvangen. Kinderen die te veel krijgen hebben vaak moeite hun grenzen te bepalen en passen zich daardoor sterk aan een ander aan, waarbij hun eigen mening of ervaring er niet toe doet. Hierdoor loopt hun zelfvalidatie (zie paragraaf 3.7 voor uitleg) een nog grotere deuk op, waardoor zij in een vicieuze cirkel terechtkomen. Er ontstaat een onvermogen tot het groeien naar zelfstandigheid. Anderen moeten het vaak voor hen opknappen en daarnaast zijn dergelijke kinderen erg afhankelijk van de goedkeuring van anderen.

Als ouders in hun jeugd zelf ervaringen hebben opgedaan die hebben geleid tot een onbalans kan dit doorwerken in de opvoeding naar hun eigen kind. Dit alles heeft invloed op de ontwikkeling en het gedrag van een kind. Een gevoel van minder- of meerderwaardigheid levert spanningen op. Mensen gaan op verschillende manieren met spanning om.

In haar boek *Kinderen met gedragsproblemen* introduceert Martine Delfos een model (zie de volgende pagina) dat dit gedrag verduidelijkt. Als iemand onrecht wordt aangedaan of overkomt, of bij gevaar, angst of spanning, ontstaan er stresshormonen als gevolg van gedachten. Op stresshormonen reageer je met gedrag. Dit kan ook bestaan uit niet of nauwelijks reageren (niet handelen). Als je regelmatig niet handelt als je onrecht wordt aangedaan of onrecht overkomt, is dit destructief voor jezelf. Dergelijk gedrag kan leiden tot somberheid en zelfs tot een depressie. Een andere mogelijkheid om te reageren op het stresshormoon is met handelend gedrag. Dit noemen we agressie. Depressie noemen we ook wel 'ingeslikte agressie': je wilt reageren maar doet of kunt het niet. Agressie heeft een destructieve kant en ook een, vaak vergeten, constructieve kant.

De destructieve kant uit zich in destructief gedrag richting — vaak onschuldige — anderen, bijvoorbeeld pesten, criminaliteit, spijbelen, vandalisme, schelden en vloeken enzovoort.

De constructieve kant uit zich in assertief gedrag, voor jezelf opkomen, je grenzen aangeven.

Als mensen dit weten, kunnen ze een keuze maken of ze met dit gedrag door willen blijven gaan, of dat ze willen veranderen. Vervolgens kunnen ze uitmaken of ze dit alleen kunnen of dat ze hier hulp bij nodig hebben.

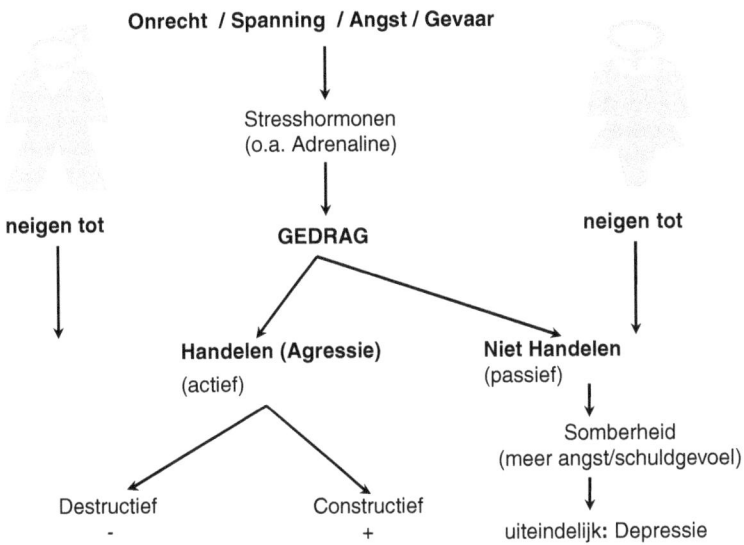

Schema van onrecht (aan de hand van het model van Martine Delfos verder uitgewerkt door Herberd Prinsen)

## 3.3 Reflectie op de eigen vaardigheden

> Het gesprek met de schoolleider over zijn gedrag schoot niet erg op. 'Waarom ben je uit de les gestuurd?', had de schoolleider gevraagd. 'Nou, daarom', was het antwoord van Nick. 'Ze zaten allemaal te kletsen en toen moest ik weg. Ik vind dat niet eerlijk, die man heeft de pik op mij.' 'Maar had de docent dan niet een klein beetje gelijk?', was de wedervraag. 'Nee, natuurlijk niet. Als hij iemand weg wou sturen, had hij de hele klas wel weg kunnen sturen. En zo erg was het trouwens niet, die man kan nergens tegen.' 'Nou, je weet het,' was de reactie van de schoolleider, 'morgen om half acht melden.'

Als de betrokkenen weet hebben van de hiervoor genoemde destructieve en constructieve kanten van hun gedrag, wat dan? Hoe kun je hiermee verder? Hoe kun je bereiken dat jouw gedrag, jouw handelen zodanig verandert dat het leidt tot een evenwicht in het dagelijks sociaal functioneren? Het is moeilijk om tot veranderingen in gedrag te komen. Het is moeilijk als de context van je bestaan en het omgaan met loyaliteit je hebben gebracht waar je nu bent. Als de vrees voor verandering is geworteld in het gezin van herkomst en in de loyaliteitsbanden tussen ouders en kinderen, dan hebben de kinderen geleerd om in een groep te leven met eigen regels of ze hebben geleerd uitsluitend voor zichzelf op te komen.

Gedragsverandering begint bij bewustwording. Als ik mij niet bewust ben in welke situatie ik leef, als ik mij niet bewust ben van het feit dat ik hier zelf invloed op kan uitoefenen, dan zullen alle pogingen tot gedragsverandering ervaren worden als iets wat van buitenaf wordt opgelegd. De intrinsieke motivatie tot verandering zal dan niet aanwezig zijn, alle pogingen tot hulp zullen moeizaam verlopen en de kans op succes is gering. Het leren in balans brengen van het eigen sociaal functioneren zal dus moeten beginnen met een fase van bewustwording.

Deze bewustwording dient direct gekoppeld te zijn aan het ervaren van wat veranderingen voor jezelf en anderen kunnen betekenen. Naast bewustwording is daar durf voor nodig. Als je jarenlang het gevoel hebt gehad dat andere mensen (zelfs mensen die je zeer na staan) niet te vertrouwen zijn, dan neem je dit mee in je leven, en wordt het moeilijk om juist op dit punt te veranderen. Voor deze bewustwording zijn zaken als ervaren en nadenken over dit ervaren van cruciaal belang. Het ervaren vertaalt zich in het doen: in het aangaan van sociale situaties op een andere manier dan je tot nu toe gewend was. Het nadenken hierover dient een reflectief karakter te hebben. Reflectie wordt hier omschreven als nadenken over, overwegen van het handelen om te komen tot mogelijkheden om dit handelen aan te passen aan de situatie. Reflecteren is geen eenvoudige bezigheid en kan soms veel pijn veroorzaken. Dit heeft te maken met de volgende houdingen die kinderen in het formele leercircuit nogal eens hanteren. Allereerst is er de leerstijl. In vele vormen van onderwijs, maar ook in opvoedingssituaties willen kinderen dat anderen (leerkrachten/ouders) aangeven wat zij moeten doen. Dit is niet in alle leersituaties zo, maar daar waar druk van buitenaf aanwezig is, wordt deze leerstijl vaak gepraktiseerd. 'Vertel jij me maar wat ik moet doen, daar ben je leraar/ouder voor.'

Een tweede gegeven is dat wij graag oplossingsgericht werken. Daar is op zich geen bezwaar tegen, maar vaak worden door gebrek aan een goede analyse problemen ogenschijnlijk of voor de korte termijn opgelost. In dat geval treedt herhaling van het oude gedrag vaak weer (te) snel op de voorgrond. Een laatste aandachtspunt is dat kinderen soms te snel genoegen nemen met een oplossing en vervolgens mogelijke alternatieven niet in ogenschouw willen of kunnen nemen. Om reflectie tot een goed functionerend 'behandelingsinstrument' te maken, kunnen we een fasering aanbrengen in het proces van nadenken.

## 3 Waar komt sociaal (on)handig gedrag vandaan?

We gaan ervan uit dat reflectie altijd betrekking heeft op een in de werkelijkheid ervaren situatie. De denkfasering die hier volgt kan worden gebruikt om een situatie uit het verleden te analyseren. Een analyse die eerst een beschrijvend gedeelte kent (fase 1 en 2), vervolgens een bewustwordingsgedeelte (fase 3) en die afsluit met alternatieve handelingsmogelijkheden (fase 4). Het analysemodel is cyclisch, wat wil zeggen dat na het uitvoeren van de nieuwe handelingsalternatieven (fase 5) de reflectie weer bij fase 1 kan beginnen.

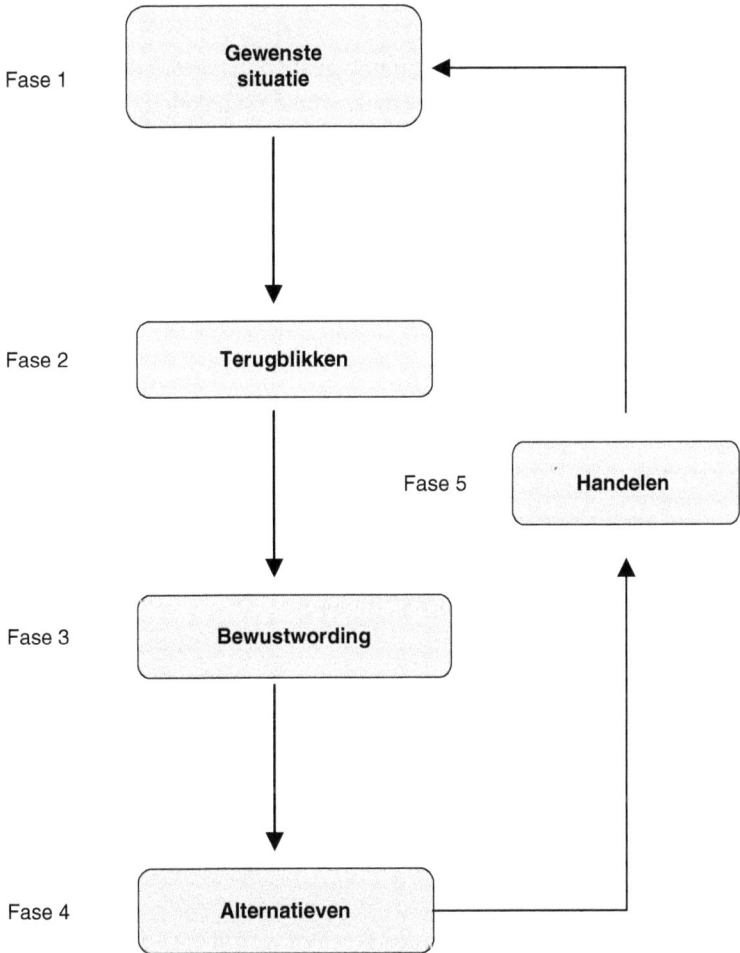

*Reflectie-/analyse model*

Om met behulp van dit schema nadenken/reflecteren te bevorderen, stellen we bij elke fase een aantal vragen.

## FASE 1: GEWENSTE SITUATIE

De vragen zijn in de verleden tijd gesteld, omdat het hier gaat om een gebeurtenis die reeds heeft plaats gevonden.

*Wat had je je voorgenomen?*
*Wat wilde je bereiken?*
*Waar wilde je speciaal op letten?*
*Wat wilde je uitproberen?*
*Waar zag je het meest tegen op?*

## FASE 2: TERUGBLIKKEN

Ook hier is het begin van de vragen nog gesteld in de verleden tijd. Maar als het gaat om het ervaren van de situatie schakelen de vragen over naar de tegenwoordige tijd. Eerst wordt de vraag gesteld naar de ervaringen van dat moment (verleden tijd), vervolgens naar de ervaringen van dit moment, het hier en nu (tegenwoordige tijd).

*Wat gebeurde er in werkelijkheid?*
*Hoe kwam dat?*
*Hoe was je aanpak?*
*Wat deed je precies?*
*Wat vond/vind je daarvan?*
*Hoe voelde/voel je je daarbij?*

## FASE 3: BEWUSTWORDING

In deze fase wordt het gesprek gevoerd vanuit de tegenwoordige tijd. Het gaat er nu om dat de betrokkene probeert aan te geven waar knelpunten en eventuele mogelijkheden liggen.

*Wat heeft je het meest belemmerd?*
*Wat heeft je het meest geholpen?*
*Wat zijn je sterke punten in die situatie?*
*Wat zijn je zwakke punten in die situatie?*
*Hoe heeft de omgeving je resultaten beïnvloed?*
*Wat betekent dat nu, op dit moment, voor jou?*
*Wat is dus vooral het probleem (of: de positieve ontdekking!)?*

## FASE 4: ALTERNATIEVEN

In deze fase wordt de omslag gemaakt van het denken over het verleden en de gevoelens uit het heden naar het mogelijke handelen in de toekomst.

*Welke mogelijkheden zie je om te veranderen?*
*Tot welke besluiten leidt dit?*
*Hoe reëel zijn die?*
*Welke activiteiten ga je dus ondernemen?*

*Hoe zorg je ervoor dat dat ook lukt?*
*Wat zal je waarschijnlijk tegenwerken?*
*Welke hulp heb je daarbij van anderen nodig?*

FASE 5: HANDELEN
Dit is de fase waarin de betrokkene zal proberen zijn gedrag te wijzigen overeenkomstig de antwoorden van het reflectieproces. Daarna dient het model weer vanaf fase 1 doorlopen te worden.
In hoeverre het reflectieproces kan worden doorlopen hangt in hoge mate af van zijn of haar bereidwilligheid hiertoe en van het vermogen en de durf om de confrontatie met het eigen gedrag aan te gaan. Juist bij kinderen die gebukt gaan onder sociale onhandigheid kan dit problemen opleveren. Wij gaan er daarom van uit dat dit proces met deze kinderen alleen doorlopen kan worden met hulp van een andere, vertrouwde persoon. Om deze reden heeft de vraagstelling van het model de vorm van een gesprek tussen twee mensen, met als doel een dialoog te worden. Deze vorm kan ook gebruikt worden in een training of een therapeutische situatie.

## 3.4  Van generatie op generatie

Ergens in zijn boek *Het geminachte kind* zegt Guus Kuijer:

> **Zou het mensenkind ooit IK leren zeggen als het de vreemdsoortigheid van zijn ouders niet pijnlijk duidelijk had ervaren?**

Gedrag vindt mede zijn voedingsbodem in het typisch menselijke zelfbewustzijn. Een zelfbewustzijn dat niet instinctief verankerd lijkt te zijn, maar dat zich in ieder geval vanaf de geboorte ontwikkelt in relatie tot de omgeving waarin het kind opgroeit. Het is de vraag (en het zal de vraag wel blijven) of een kind dat opgevoed wordt door een chimpansee ooit tot dit zelfbewustzijn komt. Wij wagen ons hier niet aan de discussie die op een aantal wetenschappelijke fronten wordt gevoerd wat de uiteindelijke oorsprong is van ons gedrag.
Wel houden wij ons bezig met wat de invloed van ouders/grootouders kan zijn op het gedrag van hun kinderen en wat wij hiermee kunnen in het kader van de zorg voor sociaal onhandige kinderen. Waar wij van uitgaan is dat gedrag (ook) geleerd kan worden en dat mensen (ouders) hierin (kunnen) sturen.

> *'Jij lijkt op je grootvader, werd mij onlangs gezegd door een vriend van mijn vader.' 'Hoezo?', vroeg ik, want in mijn herinnering van oude foto's kon ik toch moeilijk overeenkomsten ontdekken. Wat was het antwoord? Hij kon ook zo ondoorgrondelijk kijken en reageren op de manier waarop jij ook reageert. Jullie zijn echte Terpstra's.'*

Waarschijnlijk kan iedereen zich uit zijn eigen leven wel een soortgelijk gesprek herinneren. Door andere mensen worden onze eigenschappen moeiteloos geplaatst in de lijn van vorige generaties. Al eerder is gesteld dat context en loyaliteit belangrijke factoren zijn voor gedrag. Dat hierbij ouders ook een belangrijke rol spelen is voor ons evident en dat er in die zin gedragsoverdracht tussen generaties plaatsvindt lijkt ons duidelijk. Hiermee is echter niet alles gezegd. In de door ons gebruikte contextuele benadering speelt het begrip loyaliteit een belangrijke rol. Een vorm waarin deze loyaliteit aan de oppervlakte kan komen wordt 'parentificatie' genoemd. In het boek *Tussen thuis en school* (W. van Mulligen, P. Gieles en A. Nieuwenbroek) wordt dit begrip omschreven als: 'Het noodzakelijke evenwicht (tussen geven en ontvangen) wordt doorkruist als het kind de rol of de belangen van een ouder krijgt toebedeeld en aanvaardt.' Hier wordt dus uitgegaan van het gegeven dat er een onlosmakelijk verband is tussen de ontwikkeling van het kind en de relatie met zijn ouders. De relatie met de ouders en verder over de generaties heen kan constructief zijn als de toebedeelde rol van het kind past bij de ontwikkelingsfase van het kind en als het kind erkenning krijgt voor zijn geven dan wel ontvangen. Het kind zal zich op een evenwichtige wijze ontplooien. Is dit niet het geval dan spreken we van destructieve gevolgen in de ontplooiing van het kind, een onbalans tussen geven en ontvangen. Enkele verschijningsvormen van parentificatie zijn:
– het kind als mede-ouder voor de opvoeding van andere kinderen;
– het kind als vervanger van een weggevallen volwassen partner;
– het kind als bliksemafleider in conflicten tussen ouders;
– het kind dat kinderlijk wordt gehouden;
– het kind dat zich tot meerdere eer en glorie van de ouders op een door hen bepaalde manier moet gedragen.

Al deze rollen kunnen van diepgaande invloed zijn op de ontwikkeling van de sociale vaardigheden van het kind op latere leeftijd. En wat voor de kinderen van nu geldt, geldt ook voor de generaties daarvoor. Iedere ouder was ooit zelf kind en had zijn eigen ouders.

## 3.5 Loslaten of vasthouden

Deze paragraaf beginnen we met een metafoor:

> **Hoog in de bergen bevindt zich een adelaarsnest. Het wordt bewoond door twee volwassen adelaars en vier jongen. De jonge adelaars staan op het punt van uitvliegen en drie van de vier storten zich in de diepte, slaan hun vleugels uit en keren na een korte vlucht terug op het nest. Vader en moeder adelaar houden de capriolen van hun kroost nauwlettend in de gaten en zitten klaar op de rand van de rots om in te grijpen als dat nodig is. Soms ook vliegen zij mee om indien nodig nog sneller in te kunnen grijpen. Het vierde jong doet aan dit alles niet mee. Het zit op de rand, schudt zijn veren, rilt en stapt weer terug in het veilige nest. Op een goede dag, als de andere drie jongen op verkenningsvlucht zijn en het vierde jong zijn plaats op de rand van het nest weer heeft ingenomen, doet zich de volgende, bijna ongelofelijke, gebeurtenis voor. De moeder adelaar nadert haar jong omzichtig van achteren en met een machtige slag van een van haar vleugels stort zij het jong in de afgrond. Het jong gilt en krijst, en probeert krampachtig slaande met zijn vleugels op zijn minst de val te vertragen. Dit lukt enigszins, maar van vliegen komt nog niet veel en de grond nadert dodelijk snel. Plotseling, in een duizelingwekkende vlucht naar beneden, passeert de moeder haar vallende jong, spreidt haar vleugels wijd uit, vangt het jong in de vlucht op en tilt het statig omhoog vliegend terug naar het nest. Twee weken later hebben alle jongen het nest definitief verlaten.**

Eigenlijk is met dit verhaal alles gezegd over loslaten of vasthouden in de opvoeding van kinderen. De opvoedende opdracht die ouders van nature hebben kan nooit gekenmerkt worden door de samenstelling van de woorden 'loslaten of vasthouden'. Het gaat erom dat in de opvoeding kinderen worden losgelaten EN worden vastgehouden. De loyaliteit tussen ouders en kind is die van de existentiële band. Een band, een relatie die met het leven gegeven is en waar je nooit van loskomt. Hoe je ouders ook met jou zijn omgegaan, het zijn en blijven de gevers van jouw leven. Deze band schept dan ook een wederzijdse verplichting. En als deze verplichtingen een evenwicht te zien geven tussen geven en ontvangen, dan kunnen wij spreken van een harmonieuze ontwikkeling van zowel ouder als kind. Als echter van jongs af aan de verhouding tussen geven en nemen uit balans is, als er schade opgelopen wordt omdat ouders hun kinderen tekort doen, dan kun-

nen kinderen blind worden voor de schade die zij zichzelf of anderen toebrengen. Als kinderen daarentegen de vrijheid hebben om in verbondenheid tot ontwikkeling te komen zal het hun wat dit betreft goed gaan.
Om met een andere metafoor te eindigen.
De vrijheid van het kind in relatie tot zijn ouders laat zich in sommige opzichten vergelijken met de hond aan de uitrolbare hondenlijn. De bewegingsruimte wordt bepaald door de lengte van de lijn. Degene die de lijn vasthoudt, kan bepalen hoe groot deze bewegingsruimte is. Degene die aan de lijn 'gebonden' is, kan invloed uitoefenen op dat gebied dat hem/haar gegeven is en weet dat hij altijd langs de lijn terug kan komen bij de ander.
Dit voorbeeld kan op allerlei manieren worden geïnterpreteerd. Aan de lezer de keuze.

## 3.6  Oorzaak of schuld

> Charlotte weigert ondanks aandringen van haar docent een spreekbeurt voor de klas te houden. De docent geeft het niet op en biedt Charlotte aan om haar via extra bijles te trainen in dit onderdeel. Charlotte komt op de eerste extra les, maar na enig oefenen barst zij in tranen uit.
> 'Ik kan het niet en ik wil het niet,' gilt zij bijna uit, 'en mijn moeder zegt ook dat het niet hoeft, want zij heeft het vroeger ook nooit gekund.'

Kun je aan gevolgen (sociaal onhandig functioneren) eenduidige oorzaken koppelen, en zo ja, wanneer kun je dan spreken van schuld? Het zou al te makkelijk zijn om in die situaties waarin een kind sociaal onhandig functioneert te zeggen: 'Ja de oorzaak ligt bij de ouders en zij zijn er dan ook de schuld van.'
Er zijn allerlei oorzaken van sociaal onhandig functioneren. Een belangrijk en in veel gevallen het belangrijkste domein waarbinnen kinderen opgroeien en zich ontwikkelen is dat van de primaire leefgemeenschap of het gezin. Ook heeft de puberteit een grote invloed op het ontwikkelen van vaardigheden. Tijdens de puberteit gaan jongeren experimenteren met grenzen en dergelijke. Tijdens deze periode is het voor het kind belangrijk dat hij dit in een veilige omgeving kan doen. Er zijn ook andere domeinen waarin kinderen zich zelfstandig ontwikkelen. De school is een van deze domeinen, waarbij ouders erop kun-

nen vertrouwen dat het wel en wee van hun kinderen, die dan formeel leerlingen heten, hun aangewezen medeopvoeders aan het hart gaat. Want ouders kunnen nog zo betrokken zijn bij het schoolleven van hun kinderen, ook hier zijn grenzen. Het is voor de ouders een aan de school gedelegeerde opvoedingsverantwoordelijkheid. Ook (jonge) kinderen beleven school graag als een eigen domein waar zij hun eigen leven los van hun ouders willen leiden. Deze omgeving waarin kinderen een eigen leven willen leiden vatten we samen in de term 'kind- of jeugddomein'. Dit zijn die plaatsen waarvan jeugdigen vinden dat ouders er niets mee te maken hebben. Kinderen willen hier buiten het bereik zijn van het ouderlijke toezicht. Het vormgeven van deze domeinen begint al vroeg. De eigen tent van lakens, de eigen kamer waar ouders zich vooral niet met netheid en orde moeten bemoeien, de sportclub, de hangplek, het uitgaansleven en de pc zijn voorbeelden van deze eigen wereld. Het gemeenschappelijke kenmerk van deze voor de ontwikkeling gunstige, maar soms ook minder gunstige, domeinen is dat ouders het hier meestal niet voor het zeggen hebben en dat kinderen dit niet alleen aantrekkelijk vinden, maar ook nuttig. Als nu de ontwikkeling van het kind zich in vele domeinen tegelijkertijd ontwikkelt en als al deze domeinen invloed hebben op de wijze waarop het gedrag van het kind tot stand komt, dan moeten ook de oorzaken die leiden tot bepaald gedrag in deze domeinen gezocht en gevonden worden.

Het is duidelijk dat het kind in zijn ontwikkeling ook een geheel eigen weg te gaan heeft. Als we het begrip schuld verbinden met al die activiteiten waarop we direct invloed kunnen uitoefenen of waar we verantwoordelijk voor gesteld kunnen worden, dan ligt het voor de hand dat alleen daar waar directe beïnvloeding mogelijk is van schuld gesproken kan worden.

Nu is dat niet zo eenvoudig als deze uitspraak suggereert. Want ook in de directe ouder-kindrelatie dragen wij als ouder onze geschiedenis met ons mee. Ook wij zijn groot geworden in een situatie waarin onze toenmalige domeinen van invloed waren op ons functioneren. En als het zo duidelijk ligt dat het gedrag van onze kinderen mede de schuld is van onze manier van opvoeden, dan kunnen wij deze redenering ook op onszelf toepassen en daarmee althans een deel van de schuldvraag doorschuiven naar onze ouders. Een afschuifsysteem met een fatalistische inslag, namelijk: eigenlijk kan ik er ook niets aan doen dat ik zo ben als ik ben.

Om uit de impasse van de oorzaak/schuldvraag te komen moet er iets aan het beeld worden toegevoegd, en dat is het begrip relatie. Ouder en kind leven in een van nature gegeven relatie, of zij dit willen of niet.

Om tot een evenwichtige ontwikkeling van deze relatie te komen, zullen beiden naar eigen vermogen moeten investeren. Beiden zullen in deze relatie naar eigen vermogen hun verantwoordelijkheid moeten nemen en er zal in deze relatie de balans moeten zijn tussen het al eerder genoemde geven en ontvangen. In plaats van meteen te beginnen over oorzaak en schuld in opvoeding en sociaal functioneren stellen we eerst de vraag of wij als ouder en kind voldoende balans aanbrengen in geven en nemen. Als we te veel geven of nemen en daarmee de balans verstoren liggen daar de oorzaken van ons (dis)functioneren. Als wij niet bereid zijn om te werken aan het herstellen van deze balans dan kan er pas van schuld worden gesproken. Hier kan 'ontschuldigen' vanuit een meerzijdig partijdige houding het begin worden van het herstel van de balans, wat vervolgens grote invloed kan hebben op de groei van (sociale) vaardigheden. Dit is geen eenvoudige opgave, want naast onze oprechte wil om deze opdracht te volbrengen, moeten wij dit ook kunnen. Wij moeten net als onze kinderen over de vaardigheden beschikken om dit proces te doorlopen en tot een goed einde te brengen. Wij moeten vertrouwen hebben in onszelf.

## 3.7  Zelfvertrouwen of zelfvalidatie

> Toen aan Tom werd gevraagd om het jaarlijkse klassenfeest te organiseren, trok hij wit weg en zweeg. De volgende ochtend werd Tom ziek gemeld en hij bleef een aantal dagen weg. De mentor vond dit vreemd en maakte een afspraak voor een huisbezoek. Uit het gesprek met Tom en zijn ouders bleek al snel dat de opdracht voor het organiseren van het feest de aanleiding was voor zijn absentie. Toms ouders hadden hier alle begrip voor want zij vonden dat de mentor een onmogelijke opdracht had gegeven. Hun Tom had zoiets nog nooit gedaan en zou dit ook vast niet kunnen. Tom knikte bevestigend.

Bij jongeren met sociaal incompetent gedrag ontdekken we bijna altijd dat er sprake is van een negatieve verwachting van het effect van hun handelen. Zowel bij de teruggetrokken als bij de agressieve houding komt deze verwachting voor. Deze negatieve verwachting leidt tot een negatief zelfbeeld en dit leidt weer tot nog onhandiger gedrag, waardoor ze vaker falen. Dit falen is dan weer een bevestiging van hun negatieve verwachtingen. Het zelfvertrouwen daalt en hun zelfbeeld wordt steeds negatiever. Ze voelen zich ongelukkig en er ontstaat een negatieve spiraal, die leidt tot sociale incompetentie en isolement. In alles gaat het hierbij om dat wat de persoon ten aanzien van zichzelf ervaart en hoe hij de reactie van anderen op zijn handelen ervaart. Om deze negatieve spiraal te doorbreken is het nodig om kinderen positieve ervaringen op te laten doen. Als de verwachting van het kind wordt omgebogen van een negatieve in een positieve, dan wordt het zelfvertrouwen versterkt en zal de betrokkene vaardiger omgaan met andere mensen. Dit zelfvertrouwen kan alleen ontstaan als — in een soms moeizaam proces — het kind ervaart dat hij of zij in staat is om op een positieve manier invloed uit te oefenen op de situatie. Kinderen moeten ervaringen opdoen met nieuw sociaal gedrag, vooral door te kijken naar hoe anderen moeilijke situaties wel met succes hanteren, en dit nieuwe gedrag in een voor hen veilige situatie te oefenen. Het spreekt bijna vanzelf dat vaardigheden op dit gebied alleen geleerd kunnen worden in al dan niet georganiseerde groepen. Een basisvoorwaarde die aan deze groepen gesteld kan worden is dat het sociaal incompetente kind zich veilig voelt in de betreffende groep. Als deze veiligheid gegarandeerd is en als het kind in het leerproces steun en waardering krijgt voor zijn inspanningen, zijn de eerste stappen gezet op weg naar een zich sociaal plezieriger voelen en wordt de omgang met andere mensen meer ontspannen. De ervaring van dit succes leidt tot verdere stappen op de weg naar meer sociale competentie. Het zelfvertrouwen neemt toe, het kind wordt weerbaarder in moeilijke situaties. Het zelfbeeld wordt getoetst aan een zelfbewuste houding, het kind weet dat het zelf invloed kan hebben op zijn eigen functioneren. Dit toekennen van vermogens aan zichzelf en deze vermogens toepassen in de daarvoor in aanmerking komende situatie noemen wij 'zelfvalidatie'.

De mentor besloot om in een apart gesprek met Tom deze zaak nog eens door te spreken. Er werden afspraken gemaakt over wat Tom zou doen, zonder dat anderen dat wisten. Tom ging gesteund door de mentor aan de slag. Het feest werd een knaller. Na afloop liep Tom naar de mentor en zei: 'YES, ik kan het!'

# Is mijn kind sociaal vaardig?

4

Ouders hebben dagelijks met hun kind te maken en dus merken zij vaak als eersten dat er iets met hun kind aan de hand is. Dit gaat echter helaas niet altijd op en met name niet bij ouders met pubers. Een puber weet namelijk als geen ander zijn gevoel te maskeren. Zij hebben een houding van: aan mijn lijf geen polonaise, ik heb hier geen tijd voor, ik heb hier geen zin in, ik los het zelf wel op. Maar als je als ouders regelmatig de tijd neemt om met je kind te praten, kun je ook bij pubers voorbij die pose komen. Als je interesse toont en je kind de ruimte geeft om over zijn gevoelens en belevenissen te vertellen, kom je achter veel zaken die spelen. Soms ben je als ouders echter aangewezen op anderen als het gaat om het observeren van het gedrag en de daaraan gekoppelde gevoelens van je kind.

Na de maaltijd zitten de vader en moeder van Noah (11) op de bank een kopje koffie te drinken met elkaar. Tijdens het gesprek krijgen ze het over Noah's gedrag van de laatste tijd. Zij realiseren zich dat hij steeds vaker alleen op zijn kamer zit en maar weinig contact heeft met leeftijdgenoten. Verder merken ze dat hij steeds meer aandacht vraagt van volwassenen. Tijdens een gesprek met de leerkracht van afgelopen week heeft deze dit ook naar voren gebracht. Op school roept Noah vaak gevoelens van medelijden op. Vader en moeder maken zich zorgen om hun zoon. In gesprekken laat Noah hier niets over los, het gaat volgens hem allemaal prima. Iedereen moet niet zo zeuren, vooral zijn klasgenoten moeten hem met rust laten. Dit is voor de ouders van Noah geen bevredigend antwoord en zij besluiten om een gesprek te hebben met zijn juf. In het gesprek met de juf van Noah noemt zij op een gegeven moment de mogelijkheid van een socialevaardigheidstraining. De ouders van Noah willen hier nog even over nadenken en dit met Noah bespreken.

## 4.1 Signaleren en herkennen

Er zijn momenten dat je je als ouder afvraagt of het geen goed idee zou zijn als je kind aan een socialevaardigheidstraining mee zou doen. Deze gedachten komen op als je kind bijvoorbeeld vaak gepest wordt of vaak betrokken is bij pesterijen van andere kinderen, of als het moeite heeft contact te maken of commentaar te geven of te ontvangen. Om te weten te komen of je kind in aanmerking komt voor een training sociale vaardigheden, kun je samen met je kind de test bij 4.3 invullen, wat zal uitmonden in een diagnose en een advies. Dit is natuurlijk geen uitgebreide wetenschappelijke test, het geeft slechts een beeld van de sociale vaardigheden van je kind. Je kunt je kind binnen, maar ook buiten de school, uitgebreider laten testen. Hiervoor zijn diverse signaleringsinstrumenten voorhanden. Met signaleringsinstrumenten kun je op een snelle manier een beeld krijgen van waar het kind eventueel wel of geen last van heeft.

ENKELE SIGNALERINGSINSTRUMENTEN
Naast eventuele observaties, cijfers van schoolprestaties en overige informatie kan de leerling ook het een en ander over zichzelf vertellen. In het onderwijs kennen wij hiervoor verschillende signaleringsinstrumenten. De SVL (Schoolvragenlijst) is hier een voorbeeld van. Met behulp van deze lijst stelt de leerling als het ware een sociaal schoolprofiel van zichzelf op. Belangrijke graadmeters voor het functioneringsgevoel van de leerling zijn dan de schalen die betrekking hebben op het SA (zich sociaal aanvaard voelen), de SV (sociale vaardigheid die de leerling zelf denkt te hebben), PS (plezier op school) en UV (de mate waarin de leerling denkt dat hij zich verbaal goed kan uitdrukken). Ook de VSV (Vragenlijst Studie Voorwaarden) kan dienen als een signaleringsinstrument. De lijst geeft inzicht in probleemgebieden die bij stagnatie in de studievoortgang een belangrijke rol kunnen spelen. Het is voor jongeren een hulpmiddel bij het formuleren van hun zelfbeeld. De gebieden faalangst/lichamelijke conditie en welbevinden kunnen dienen als graadmeter voor de signalering. De PMTK (Prestatie Motivatie Test Kinderen) is ook een goed voorbeeld van een signaleringsinstrument. Deze laatste is echter voor een school vaak minder geschikt, omdat deze test alleen door professioneel geschoolde testers (psychologen) mag worden afgenomen en geïnterpreteerd. Na een test zal er altijd een diagnostisch gesprek tussen het kind en een deskundige (trainer of hulpverlener) plaatsvinden om de test te bespreken en te onderzoeken wat passend is voor het kind. Vervolgens vindt er een gesprek met het kind, de ouders en de deskundige plaats om zo

samen de verschillende mogelijkheden te bespreken. Hiernaast is het natuurlijk ook belangrijk om samen met je kind te praten over de sociale vaardigheden van ouder en kind. Je denkt misschien al gauw: dat doen we wel even. Maar het valt wel eens tegen. Om het gesprek wat makkelijker te maken volgt hier een aantal voorbeelden van thema's. Thema's waarover gesproken kan worden zijn:
- Op school: de klas, de gang, de pauze, de docenten.
- Op de vorige school.
- Buiten school: thuis, feestje, op straat, uitgaan, hobby, vereniging.
- Lichamelijk reacties:
  - hoofdpijn
  - buikpijn/overgeven
  - agressief/druk/rustig/stil
  - verdrietig/teleurstelling
  - weglopen
  - zenuwachtig
  - stoer/clownesk.

Er zijn ook enkele verbindende vragen/opmerkingen die je tijdens een gesprek met je kind zou kunnen gebruiken en die je kunnen helpen om er achter te komen waar je kind echt mee zit;
- Jij geeft aan dat je het soms lastig vindt om in sociale situaties te reageren; vertel eens?
- O, vertel eens verder.
- Wat gebeurt er als de situatie lastig wordt?
- Wat betekent dat voor jou?
- Wat deed jij zelf precies?
- Ben je daar tevreden over?
- Wanneer heb je nog meer de neiging om dit te doen?
- Hoelang heb je hier al last van?
- Wat voel je dan?
- Wat denk je dan?
- Welke gevolgen heeft dit gedrag van jou?
- Zou je het anders willen doen?
- Waar ben je goed in?
- Hoe heeft de school/docent hier op gereageerd?
- Als je aan thuis denkt, wat komt er dan als eerste bij je op?
- Hoe zie jij jouw relatie met ons (je ouders)?
- Wat betekent dit voor jou?
- Hoe hebben wij (je ouders) voor jou gezorgd en hoe zorg jij voor ons?
- Hoe probeer jij een goed kind te zijn?

- Welke verwachtingen/boodschappen hebben wij (je ouders) je meegegeven? Welke zijn bevorderend en welke zijn belemmerend? Heb je het idee dat je onze verwachtingen al hebt waargemaakt?
- Wat zou je willen dat wij (je ouders) zeggen?
- Welke hulp van anderen (ouders/docenten/leerlingen) heb je nodig?

Tijdens zo'n gesprek staat steeds de vraag centraal hoe het kind denkt, voelt en handelt. Eveneens is van belang of het kind iets aan zijn gedrag zou willen veranderen. Als er ander gedrag wordt geoefend, heeft dit invloed op het gevoel en denken van je kind. Ook binnen zijn omgeving zal er het een en ander veranderen, wat weer invloed heeft op het gevoel van anderen in de omgeving. Want allen binnen de context zijn met elkaar verbonden, waardoor een verandering bij de een gevolgen heeft voor de ander. Het is goed om dit te weten voordat je dit proces in gang zet. Anders zou het kunnen zijn dat de verandering van je kind meer schade aanricht dan dat het hem oplevert. Wees erop bedacht dat het hier gaat om willen en niet om kunnen. Als het kind in aanmerking zou komen voor de training bestaan er misschien weerstanden om dit proces aan te gaan. 'Niet durven' of 'denken niet te kunnen' zijn heel vaak de bron van dergelijke weerstanden, en die bron moet als zodanig in het gesprek met het kind uitgebreid aan de orde komen.

'Niet willen' is van een andere orde. Als blijkt dat het kind niet aan een begeleidingstraject wil deelnemen, dan vraagt dit om een speciale benadering die richting counseling/hulpverlening gaat. Het is goed serieus te overleggen of het kind die stap wel wil, kan of mag maken. Om de kans van slagen van een socialevaardigheidstraining zo groot mogelijk te maken, moet aan de volgende twee voorwaarden zijn voldaan.
- Deelname is alleen mogelijk op grond van vrijwilligheid en de expliciete bereidheid om de verplichtingen van de training na te komen (bijvoorbeeld door het ondertekenen van een contract).
- Het kind moet zelf willen veranderen.

Verder kan er ook informatie worden ingewonnen bij leerkrachten, de mentor, onderwijsondersteunend personeel, familie en kennissen. Komt de informatie uit meer dan een van deze bronnen dan dient die geïntegreerd te worden om een goed beeld van het kind te krijgen. Om sociaal onhandig gedrag te kunnen herkennen is het allereerst noodzakelijk om te observeren. Observatie vraagt om een zekere deskundigheid omdat de observator snel geneigd is zijn/haar eigen interpretaties op te leggen aan de situatie, waarbij het beeld van het gedrag van de leerling dan gekleurd wordt.

> Doordat de ouders van Leny hun dochter goed in de gaten houden en regelmatig met haar in gesprek zijn over gebeurtenissen op school komt op een gegeven moment tijdens een gesprek boven water dat zij op het schoolplein regelmatig wordt gepest omdat zij niet zo goed is in de spelletjes die tijdens de pauze op het plein worden gedaan. Zij wordt meestal als laatste gekozen of zij mag zelfs helemaal niet meedoen als er anders oneven aantallen zijn. Zij durft hier niets van te zeggen. De vader zegt tegen Leny dat zij zich hier niets van aan moet trekken en vertelt voor de zoveelste keer dat hij vroeger ook vaak werd gepest en dat hij gewoon zijn eigen weg ging. Moeder pinkt een traan weg en zou liever zien dat Leny wat meer voor zichzelf zou opkomen, waarmee ze Leny in een loyaliteitsconflict plaatst. Hierdoor zal het voor Leny moeilijk worden om te kiezen of ze wel of niet gaat veranderen.

## 4.2 'Ik zie, ik zie, wat jij ook ziet' (observeren)

Observeren is systematisch en doelgericht waarnemen van concreet, meetbaar gedrag, om vervolgens op basis hiervan te komen tot een zo waardevrij mogelijke interpretatie van dat gedrag en eventueel tot een waardering hiervan.

| | |
|---|---|
| Waarnemen | meetbaar gedrag |
| Interpreteren | dat kan voor het kind betekenen |
| | dat betekent voor mij |
| Waarderen | en dat vindt hij/zij |
| | en dat vind ik |

Het kind zit onderuitgezakt achter zijn bureau (= waarneming)
Hij is ongeïnteresseerd (= interpretatie)
En daar baal ik van (= waardering)
Wat mij irriteert (= gevolg)
Uit bovenstaand schema blijkt welke valkuilen er zijn bij observeren. Wat ik kan *zien* is dat het kind onderuithangt. En eigenlijk stopt mijn observatie hier. Ik kan niet weten waarom het kind deze houding aanneemt. In veel gevallen gaat het observatieproces echter door en

worden kind en observator verwisseld. Wil ik in bovenstaand geval mijn observatie scherper krijgen, dan zal ik dit moeten navragen bij het kind. De observatie zou zich dus uitsluitend moeten richten op het gedrag van het kind. Als de observatie op een juiste wijze en zo waardevrij mogelijk, door meerdere personen wordt gedaan, vergroot dit de betrouwbaarheid.

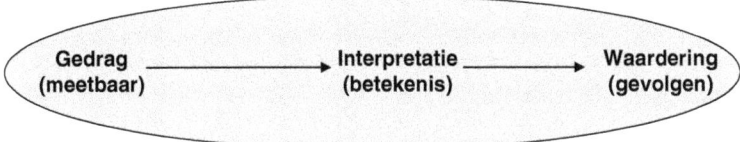

*Observeren*

## 4.3 Testje, diagnose en advies

Dit testje geeft slechts inzicht in dat waar het kind tegen aanloopt en geeft een indruk van wat hij nodig heeft. Om een werkelijke diagnose te kunnen stellen is een gevalideerd onderzoek door een erkende hulpverlener nodig.

**De vragen**
1. Ik vind het lastig om contact met iemand (of een groep) te maken die ik nog niet (zo) goed ken.
a. Altijd
b. Soms
c. Nooit
2. De afgelopen tijd slaap ik 's nachts slecht (ik ben vaak wakker en lig te piekeren of ik slaap weinig (niet meer dan 5 uur).
a. Altijd
b. Soms
c. Nooit
3. Als mensen mij een compliment geven, heb ik moeite dit te ontvangen.
a. Altijd
b. Soms
c. Nooit
4. Ik heb moeite om tegen iemand te zeggen dat hij iets niet goed heeft gedaan of dat hij zijn gedrag moet veranderen omdat ik er last van heb. Ik heb moeite iemand rechtstreeks aan te spreken.

a. Altijd
b. Soms
c. Nooit

5. Als ik iets heb meegemaakt (positief of negatief) vind ik het erg lastig hier met iemand over te praten.
a. Altijd
b. Soms
c. Nooit

6. Als iemand iets negatiefs tegen mij zegt, kan ik daar moeilijk mee omgaan en ben ik vaak een tijd van slag.
a. Altijd
b. Soms
c. Nooit

7. Zelfs als ik me goed heb voorbereid op een bezoek/visite/gesprek voel ik me erg zenuwachtig en gespannen.
a. Altijd
b. Soms
c. Nooit

8. Als mensen een vervelende opmerking tegen mij maken heb ik moeite mij te bedwingen om deze persoon niet te slaan, uit te schelden of iets dergelijks.
a. Altijd
b. Soms
c. Nooit

9. Ik vind het leuk en grappig om mensen te plagen of te pesten.
a. Altijd
b. Soms
c. Nooit

10. Ik vind het lastig iemand een compliment te geven.
a. Altijd
b. Soms
c. Nooit

11. Als er negatieve opmerkingen over mij gemaakt worden, voel ik me ellendig.
a. Altijd
b. Soms
c. Nooit

12. Bij het idee dat ik naar een ander(e) groep/klas/bedrijf moet krijg ik buikpijn, hoofdpijn, hartkloppingen en dergelijke, omdat ik niet weet wat ik dan moet doen.
a. Altijd
b. Soms
c. Nooit

13. Tijdens gesprekken sla ik vaak dicht en kan ik geen woord uitbrengen.
a. Altijd
b. Soms
c. Nooit

14. Of ik me goed voel is sterk afhankelijk van wat mensen van mij vinden.
a. Altijd
b. Soms
c. Nooit

15. Als ik mensen heb geplaagd/gepest heb ik hier geen spijt van.
a. Altijd
b. Soms
c. Nooit

**Score**
A = 3 punten
B = 2 punten
C = 1 punt

*Minder dan 18 punten:*
Diagnose/Inzicht: Jouw sociale vaardigheden zijn die van iemand die goed weet hoe hij heeft te handelen in sociale situaties. Je hoeft je geen zorgen te maken! Je kunt je zenuwen bedwingen en je hebt ze redelijk onder controle, zodat het zelfs in jouw voordeel werkt. Hierdoor kom je zelfverzekerd over waardoor je waarschijnlijk gemakkelijker tot sociale contacten komt.
Tip/Advies: Waar je voor op moet passen, is dat je door jouw hoge mate van zelfvertrouwen en zelfverzekerdheid niet arrogant en belerend overkomt.

*Van 18 tot 25 punten:*
Diagnose/Inzicht: Jouw sociale vaardigheden belemmeren je weleens in het aangaan van contacten of je prettig te voelen in sociale situaties.
Tip/Advies: Je kunt hier eens met iemand (ouder/mentor/begeleider/baas) over praten, hij of zij heeft vast een paar goede tips voor je. Dit zal waarschijnlijk al voldoende zijn voor een beter gevoel en gedrag.

*Van 25 tot 32 punten:*
Diagnose/Inzicht: Jouw sociale vaardigheden belemmeren jou in het aangaan van contacten of je prettig te voelen in sociale situaties. Dit is niet goed voor jouw lichamelijke of geestelijke gesteldheid.
Tip/Advies: Je zou waarschijnlijk baat hebben bij een socialevaardigheidstraining in een groep. Ga na of er op jouw school/werk een socialevaardigheidstraining wordt gegeven en praat eens met de trainer(s) over jouw sociale vaardigheden. Als er op je eigen school/werk niet zo'n training wordt aangeboden, zoek dan uit of er in je omgeving wel zo'n training te volgen is.

*32 of meer punten:*
Diagnose/Inzicht: Jouw sociale vaardigheden hebben te veel invloed op je leven en bezorgen je ook allerlei lichamelijke en geestelijke klachten. Verder ben je erg onzeker en zelfs angstig om je in sociale situaties te begeven of te bevinden.
Tip/Advies: Je zou waarschijnlijk baat hebben bij een sociale-vaardigheidstraining in een groep. Daarnaast is in jouw geval individuele begeleiding door een deskundige (hulpverlener) een welkome aanvulling.

**Algemene tip/advies:**
**Medicijnen kunnen je gevoel verbeteren. Dit is echter altijd van tijdelijke aard. Handiger is het om aan je zelfvertrouwen en je sociale vaardigheden te gaan werken door bijvoorbeeld deel te nemen aan een training of door middel van individuele begeleiding door een deskundige.**

# 5 Begeleiding voor ouders/verzorgers

Dit hoofdstuk beschrijft op een heldere en duidelijke manier alle praktische zaken die je als ouder/verzorger kunt gebruiken om je kind te begeleiden. Bij alle oefeningen en opdrachten staat het leren toepassen van sociale vaardigheden centraal; dit is een onderdeel van het begeleidingsplan. Dit draagt in belangrijke mate bij aan een positiever zelfbeeld van je kind. De oefeningen en opdrachten kunnen ook worden gebruikt in de alledaagse communicatie met je kind in zijn ontwikkeling naar volwassene. De oefeningen en opdrachten zijn geschikt voor jongeren van tien tot achttien jaar.

## 5.1 Zelfvertrouwen: waar kun je dat halen?

In de ontwikkeling naar volwassenheid heeft een kind vaak weinig zelfvertrouwen en een negatief zelfbeeld. Om het zelfvertrouwen wat te vergroten en het zelfbeeld wat te verbeteren is het goed om een kind regelmatig erkenning te geven voor dat wat hij goed doet. Kinderen, maar ook volwassenen, groeien van erkenning. Het is belangrijk dat er een balans is tussen positieve en negatieve reacties. Vaak horen kinderen naast waarderende woorden ook afkeuring en verboden. Dit is een onderdeel van de opvoeding. Kinderen met weinig zelfvertrouwen horen vaak alleen de afkeuring en niet de waardering. Ze zijn vaak 'mislukking gemotiveerd'. Als ouder zou je je kunnen afvragen of er in de dagelijkse omgang een evenwicht is tussen positieve en negatieve reacties. Verder kun je nagaan of je als ouder iets negatiefs ook positief kunt formuleren. Bijvoorbeeld door een uitspraak als 'nu heb je alweer ruzie gemaakt met je zusje, wat ben je toch ook een vervelend kind, stop daarmee', om te buigen tot: 'je kunt meestal zo goed met je zusje spelen, en nu heb je ruzie met haar, ik wil dat je daarmee ophoudt.'
Je kunt op drie manieren reageren: negeren, verwerpen en erkennen. 'Negeren' betekent dat je de kijk van het kind op zichzelf niet opmerkt of er zelfs niet op reageert.

> Debora: 'Mam, ik vind dat mijn klasgenoten de laatste tijd zo raar reageren als ik ze iets vraag.'
> Ma: 'Als je straks naar het winkelcentrum gaat, doe dan even een paar boodschappen voor mij, wil je.'

'Verwerpen' betekent dat je de kijk van het kind op zichzelf niet goed vindt en je vervolgens een negatieve of positieve opmerking maakt of vraag stelt.

> Debora: 'Ik wil niet mee op schoolkamp, de meiden in mijn klas doen zo stom tegen me.'
> Pa: 'Ik vind dat je ook nu weer voor de problemen wegloopt, maar deze keer kom je er niet zo gemakkelijk van af, ik wil dat je gewoon meegaat.' (Verwerping gevolgd door een negatieve reactie)
> Pa: 'Ik vind dat je ook nu weer voor de problemen wegloopt, maar goed, ik zal wel bellen dat je niet meegaat omdat je een feest van je opa hebt.' (Verwerping gevolgd door een positieve reactie)

'Erkennen' betekent dat je de kijk van het kind op zichzelf erkent, en dit ook laat merken, en je vervolgens een negatieve of positieve opmerking maakt of vraag stelt.

> Debora: 'Ik wil niet mee op schoolkamp, de meiden in mijn klas doen zo stom tegen me.'
> Pa: 'Ik merk aan je dat het schoolkamp je nogal emotioneert, toch wil ik dat je gewoon gaat en probeert er het beste van te maken.' (Erkenning gevolgd door een negatieve reactie)
> Pa: 'Ik merk aan je dat het schoolkamp je nogal emotioneert, ik zal met je mentor bellen en kijken of ik wat kan regelen.' (Erkenning gevolgd door een positieve reactie)

Daarnaast is het goed als je regelmatig samen met je kind op zoek gaat naar de kwaliteiten die je kind bezit. Dit kan tijdens een kopje thee nadat het kind uit school komt of tijdens de maaltijd, maar ook op de rand van het bed voor het slapen als je samen nog even de dag de revue laat passeren.

Als je kind moeite heeft met het onder woorden brengen van zijn kwaliteiten kunt je ook werken met de kwaliteitskaarten van Gerrickens (www.kwaliteitenspel.nl).

**Voordelen van begeleiding bij sociale vaardigheden voor jou als kind**
- Betere samenwerking met leerlingen uit je klas of groep (zonder dat ze je vrienden hoeven te zijn/worden).
- Kinderen in de puberteit (klas 1/2 middelbare school) doen anders dan in groep 7/8 van de basisschool (communicatie, omgang, hormonen enz.) en krijgen zo nieuwe vaardigheden en handvatten om met anderen om te gaan.
- Beter reageren/omgaan met pesten, pesters en slachtoffers.
- Ervaren dat je anders dan anderen kunt zijn of doen.
- Leren omgaan met kinderen die anders zijn of doen.
- Merken hoe je op een prettige manier met kritiek van andere kinderen of docenten zou kunnen omgaan.
- Oefenen hoe je kritiek kunt geven zonder dat het direct vechten of schelden wordt.
- Anderen vertrouwen kunnen geven en van anderen vertrouwen kunnen ontvangen.
- Ervaren hoe je met conflicten met anderen kunt omgaan.
- Oefenen dat je iemand aan durft te kijken als je tegen hem of haar spreekt.
- Tips kunnen geven waar iemand wat mee kan, niet alleen reageren met goed of fout, en tips van anderen kunnen ontvangen en hiermee oefenen.

EVALUATIE VAN HET (BEGELEIDINGS)GESPREK MET JE KIND
Dit is een belangrijk moment. Tijdens de evaluatie wordt het kind zich meestal bewust wat hij meeneemt uit het gesprek of wat voor hem belangrijk is geworden tijdens het gesprek. Verder kan het kind aangeven wat hij van het gesprek heeft gevonden door te zeggen wat hem is bevallen en wat hij een volgende keer anders zou willen doen.

## 5.2 Oefeningen en opdrachten voor ouder en kind

**Wie ben ik?**
Spreid op tafel een flinke hoeveelheid (minimaal 10) ansichtkaarten en/of foto's uit. Laat je kind een kaart of foto pakken die iets over hem zegt. Hij vertelt aan de hand van deze kaart of foto iets over zichzelf (je kunt je kind zelf een kaart of foto laten zoeken).

**Symbool**
Je geeft je kind de opdracht op zoek te gaan naar een symbool dat voor hem staat voor een succeservaring in een sociale situatie. Het symbool kan een ding of een persoon zijn, en als het niet mogelijk is om het echte exemplaar steeds bij zich te dragen, omdat het te groot is of een (al dan niet nog levende) persoon, dan vraag je om een foto of een tekening. Probeer het symbool dat je kind heeft gekozen te 'ankeren'. Met 'ankeren' bedoelen we dat je, door er dingen over te vragen, het symbool zo sterk maakt dat je kind het kan inzetten in een situatie die voor hem lastig is. Het symbool zou hem dan kunnen helpen de op dat moment juiste beslissing te nemen. Tijdens het ankeren probeer je er ook achter te komen met welk zintuig dit symbool het sterkst waargenomen wordt en zo probeer je het ook te ankeren. Vragen die je tijdens het ankeren kunt stellen zijn: Wat betekent het symbool voor je? Waar gevonden? Van wie gekregen? Wat voel je erbij? Wat geeft jou precies de kracht? Als je het kwijt zou raken, ben je dan ook je kracht kwijt? Enzovoort. Wees voorbereid op sterke emoties: je kind kan een symbool hebben gekozen dat hem zeer na aan het hart ligt en hem verdrietig kan maken. Dit vraagt om een rustige, respectvolle benadering. Hier geldt: aanvullen mag, afnemen niet.

## Ademhalingsoefening

Als je kind vaak wat gespannen of druk is kun je met een ademhalingsoefening proberen hem wat rustiger te krijgen. Als mensen gespannen of druk zijn, ademen ze vaak meer via de borst dan via de buik. Probeer de ademhaling naar de buik te krijgen. Dit kun je doen door een hand op je buik te leggen, ter hoogte van je navel, en te proberen om naar je hand toe te ademen. Dit kun je ondersteunen door tekst. Bijvoorbeeld: 'Leg je hand op je buik, ter hoogte van je navel, en adem door naar je hand toe. Adem zo diep mogelijk in en uit.' Door een diepe, rustige buikademhaling worden veel mensen rustig en ontspannen.

## Ademhalingsoefeningen van Wayne Cook

Bij deze ademhalingsoefening worden de hersenen een beetje voor de gek gehouden, door links en rechts anders te activeren waardoor het makkelijker wordt om anders te denken. Dit kun je bereiken door het volgende tegen je kind te zeggen. *Ga op een stoel zitten en kruis je benen. Steek je handen naar voren, kruiselings over elkaar, en pak je handen kruiselings als 'biddende' handen. Draai ze vervolgens naar binnen (van beneden naar boven). Je handen zitten nu gekruist ter hoogte van je hart. Sluit je ogen en ga je concentreren op een diepe, rustige buikademhaling.* Je zegt vervolgens langzaam en met een rustige stem bijvoorbeeld de volgende tekst: *Voel het bloed door je aderen stromen, voel de zuurstof in je bloed komen en door je hele lichaam gaan en in je hersenen komen. Deze zuurstof zorgt ervoor dat je weer helder kunt denken, waardoor je weer helpende of positieve gedachten kunt bedenken. Geniet van deze rust en ontspanning, en je bent weer fit en helder.* Je kunt natuurlijk zelf ook een tekst maken. Na het uitspreken van deze tekst kan je kind de ogen weer openen.

**Geleide fantasie zonder muziek**

Je begint eerst beiden met een diepe ontspannen buikademhaling. Zodra je kind een diepe ontspannen buikademhaling heeft, vraag je hem zijn ogen te sluiten. Vervolgens nodig je je kind uit om met jou in gedachten naar een strand te gaan waar hij al eens is geweest. Je spreekt langzaam en rustig, en zegt dat je kind op de vragen die gesteld worden, in stilte voor zichzelf de antwoorden kan geven en ergens op kan slaan. Als ouder kun je van de volgende tekst gebruik maken: *Als je op het strand bent aangekomen kijk je om je heen en zie je wat er te zien is. Kijk vast uit naar een plekje waar je straks wilt liggen. Hoor de geluiden die bij het strand horen. Voel hoe lekker warm de zon is, hij heeft precies die temperatuur die jij lekker vindt. Houd je gezicht naar de zon. Ruik de zoute lucht, het zeewier! Loop naar het water, het heeft precies de temperatuur die jij lekker vindt. Je loopt het water langzaam in en als je voeten los komen van de grond ga je zwemmen. Je moet tegen de golven in zwemmen en dat is zwaar, maar jij hebt de kracht die daar voor nodig is. Jij kunt ze overwinnen, jij bent sterker! Zwem zover als jij wilt. En proef de licht zoute smaak van het water! Als je lang genoeg gezwommen hebt, zwem je terug naar het strand, de golven dragen je. Zwem tot je voeten weer grond voelen en loop het strand op. Laat je opdrogen in de zon. Loop naar het plekje dat je net al had uitgezocht en ga liggen, totaal ontspannen, en geniet van de rust en je zelfvertrouwen. Kom uit jezelf en kijk naar jezelf zoals je daar ontspannen ligt. Geef het een woord en spreek dit innerlijk uit. Maak een kleurenfoto van jezelf zoals je daar nu ligt, volledig ontspannen en vol van alle kracht die in je zit, en sla deze foto op op een plaats waar je er makkelijk bij kunt om hem te gebruiken als je dat nodig hebt. Open je hand (niet de schrijfhand) en stop hier alle kracht in die in je zit in en houd deze vuist bij je en gebruik hem als je dat nodig hebt. Open je vuist weer en geniet nog even van dit moment. Kom in je eigen tempo weer terug in het hier en nu, en beweeg je lichaam, armen, benen, hoofd, nek.*

Je kunt je kind (eventueel in een speciaal schrift) laten opschrijven waar hij de foto heeft opgeslagen en wat hij in de vuist heeft gestopt.

## Geleide fantasie met muziek

Je kind gaat op de grond liggen, eventueel op een handdoek of matje. Je begint eerst beiden met een diepe ontspannen buikademhaling. Zodra je kind een diepe ontspannen buikademhaling heeft, vraag je hem zijn ogen te sluiten. Zet vervolgens rustige muziek aan (kies hiervoor muziek die jullie beiden prettig vinden en die je kind rustig maakt). Vervolgens nodig je je kind uit om dat te doen wat je zo zal vragen. Je spreekt langzaam en rustig. Je kunt de volgende tekst gebruiken: *Je gaat lekker ontspannen liggen, je armen langs je lichaam, je benen ietwat gespreid, je voeten laat je zijwaarts vallen. Je ademhaling is rustig, ontspannen en regelmatig. Door je gehele lichaam trekt een gevoel van ontspanning. Je hele lichaam wordt zwaar en ontspannen, te beginnen met je voeten. Je voeten worden zwaar, enkels, onderbenen, knieën, bovenbenen worden zwaar, ze geven zich over aan de zwaartekracht. Bekken, spieren van je bekken, buik, buikspieren, ook daar laat je de spanning gaan. Borst, rug, voel je spanning in de onderrug. Je laat deze spanning nu heel bewust helemaal los en je ademt diep in en uit. Schouders. De spanning glijdt van de schouders, glijdt van de armen, bovenarmen, onderarmen, polsen, handen, worden zwaar, de armen geven zich over aan de zwaartekracht. Nek, hals, gezicht. Je gezicht is volkomen glad, alle spanning trekt weg uit je gezicht, je mond, wangen, je voorhoofd is koel en glad. Je gehele lichaam bevindt zich in een diepe rust, je gehele lichaam is zwaar, zwaar en ontspannen, en je voelt rust en je gunt jezelf deze rust. Nu twee minuten lang alleen de muziek.* [muziek] *En nu ga je met je aandacht naar de ademhaling, een diepe volledige ademhaling door je gehele lichaam, je lichaam wordt warm door je adem. Heel voorzichtig rol je met je hoofd zijwaarts heen en weer, dan rol je met je armen over de vloer, je rolt met je benen over de vloer, je rolt armen en benen over de vloer. Dan knijp je in je handen en strekt je tenen en ademt diep in en uit. Vervolgens strek je je gehele lichaam, je ogen zijn niet meer zwaar, je kunt ze weer open doen. Je ontspant je armen langs je lichaam en je drukt je vingers nog even stevig een voor een op je duim. En je voelt je weer fit, rustig en ontspannen. Fit, helder en ontspannen kom je weer overeind in zithouding en in zithouding gun je jezelf nog even de tijd om weer helemaal bij te komen.*

### Vertellen doe je alleen, praten doe je samen

Als je iets wilt vertellen weet je vaak niet goed hoe je moet beginnen of hoe je de aandacht van iemand of van een groep moet krijgen. Contact maken: hoe doe je dat? Met deze oefening kun je kijken in hoeverre je kind de sociale vaardigheden van vertellen en luisteren beheerst. Het is een praktische oefening in vertellen, aandacht krijgen en luisteren. Als ouder leg je uit dat contact maken belangrijk is en vervolgens leg je de opdracht uit: *Het is de bedoeling dat je nu opschrijft (eventueel in een speciaal schrift) wat je straks wilt vertellen. Dit mag alles zijn, iets vervelends, iets leuks, iets wat je gehoord of gezien hebt, iets wat je dwars zit enzovoort.*
Je kind vertelt wat hij heeft opgeschreven. Als ouder luister je goed. Als je kind klaar is met zijn verhaal, vertel je in je eigen woorden het verhaal na. Je kind geeft aan of jouw versie in grote lijnen klopt (dus of er goed is geluisterd). Daarna kun je wisselen van rol.

### Een vipbehandeling

Deze oefening doe je in drietallen en kan ook met een veelvoud van drie gedaan worden (bijvoorbeeld met de beide ouders of met een vriend, een kennis). Als ouder zeg je: *Vanaf morgen is er geen onderwijs meer en jullie krijgen allemaal een beroep.* Kijk goed naar de twee anderen en noem drie beroepen waarvan jij vindt dat ze heel geschikt voor hem/haar zijn. Vertel die drie beroepen aan hem/haar. Ieder hoort zes beroepen die anderen hem toekennen. Ieder kiest daaruit één beroep en vertelt dit aan de anderen. Alle drie horen de beroepen van de ander en kennen aan ieder beroep drie kwaliteiten toe. Die kwaliteiten worden uitgewisseld zodat ieder nu één beroep en daarbij zes kwaliteiten heeft. Je kiest bij je beroep minimaal drie kwaliteiten die genoemd zijn. Je gaat staan en je stelt je bijvoorbeeld voor: 'Ik ben Thomas, ik word snackbareigenaar want ik kan goed met mensen omgaan, lekker eten klaarmaken en ik ben een goede handelaar.' Je beeldt het beroep ook uit in je lichaamstaal.

**Altijd prijs**

Deze oefening moet je uitvoeren met minimaal drie mensen. Op tafel ligt een grote gele kaart. Op deze kaart staat een situatie. Bijvoorbeeld: tijdens de biologieles doet iemand regelmatig vervelend tegen je en je wilt hier met iemand over praten. Hoe ga je dit oplossen? Iedereen schrijft op een klein stukje papier (1/4 A4) minimaal twee manieren waarop je dit zou kunnen aanpakken. Vervolgens legt iedereen de velletjes met de onbeschreven kant naar boven op tafel rond de grote gele kaart. De tekst van de situatie wordt nogmaals voorgelezen, iemand pakt een velletje en leest de oplossing (dit mag niet die van hemzelf zijn) die op het velletje staat hardop voor. De voorlezer geeft als eerste feedback en vervolgens de rest.

*Feedback:*
- Hoe voelt dit antwoord/deze aanpak/deze oplossing?
- Wat vind je goed aan dit antwoord/deze oplossing/deze aanpak?
- Heb je nog een tip?

Een ouder vraagt na enige tijd of alle zaken die op tafel liggen gezegd zijn. Als dit zo is kun je nog een andere situatie oefenen met een ander vel papier.

*Voorbeelden:*
- Je hebt afgesproken om met je vriend naar de bioscoop te gaan, maar dit kan niet doorgaan. Hoe pak je dit aan?
- Een medeleerling geeft je een compliment over je kleding. Hoe reageer je?
- In de trui die je gisteren hebt gekocht zit een gaatje. Wat ga je doen?
- Iemand kruipt voor bij de kassa. Hoe los je dit op?
- Een docent/vriend stinkt naar zweet. Hoe ga je hier iets over zeggen?

**Eigenwaarde**

Er staan 25 waarden op een vel papier. Ouder en kind schrijven elk vijf waarden op die voor hen belangrijk zijn. Laat ieder woord eerst even in je gedachten rondgaan en voel of de waarde wat voor je betekent of niet. Krijg je er een warm, positief gevoel door of juist niet?

Zet de vijf waarden in volgorde van belangrijkheid. Welke rol spelen deze waarden in je dagelijks leven? Hoe zien anderen dat jij de waarden belangrijk vindt, hoe laat je dit blijken in je gedrag?

*Waarden:*
Creativiteit – vriendschap – variatie – plezier – zelfrespect – enthousiasme – verantwoordelijkheid – samenwerken – status – avontuur – leiderschap – harmonie – macht – zuiverheid – rust – onafhankelijkheid – dienstbaarheid – bezit – orde – loyaliteit – privacy – vrijheid – veiligheid – wijsheid – eerlijkheid.

**Omgaan met je boosheid**

Met deze oefening kom je erachter waardoor je boos wordt en leer je anders omgaan met je boosheid. Voer met je kind een gesprek en vertel elkaar over de laatste keer dat je boos was. Waardoor kwam deze boosheid? Wat voelde je allemaal toen je boos werd? Daarna bespreek je met elkaar hoe je een volgende keer in dezelfde situatie anders om kunt gaan met dit gevoel. Maak een eigen plan met minstens één optie hoe je een volgende keer anders met boosheid wilt proberen om te gaan. Vertel elkaar je plan.

## Alleen maar 'ja, maar'

Als ouder speel je een 'passieve leerling'. Dat betekent dat je gedrag vertoont dat vervelend gevonden wordt door docenten. Bijvoorbeeld: de leerling die altijd vijf minuten te laat in de les komt, maar 'het is niet zijn schuld'. Of de leerling die altijd zijn woordje klaar heeft, maar 'zo is hij nu eenmaal'. Het kind is de 'oplosser'. Hij gaat verschillende oplossingen aandragen die het gedrag van de passieve leerling kunnen veranderen. De passieve leerling reageert door steeds weer te zeggen: 'Ja, maar ...', gevolgd door een reden waarom hij zijn gedrag niet kan veranderen. De opdracht duurt vijf minuten. Daarna: Stoppen! Beiden kijken naar hun eigen gevoel en geven aan wat deze activiteit met hen doet. Er wordt gewisseld van rol en de opdracht wordt nog een keer gedaan.

## Ja, ja en nog eens ja-en

Deze opdracht wordt uitgevoerd in tweetallen. Als ouder stel je vragen aan je kind en deze mag op iedere vraag alleen maar 'ja' antwoorden. Degene die de vragen stelt probeert het kind uit te lokken om 'nee' of 'ja, maar' te antwoorden. Wie houdt dat het langst vol?
Bijvoorbeeld:
'Jij hebt toch veel geld, hè?'
'Ja!'
'Jij hebt alles voor dat geld over, hè?'
'Ja!'
'Jij gaat voor geld door het vuur, hè?'
'Ja!'
'Dus je gaat morgen een bank overvallen?'
'Ja!'
Samen bespreek je wat deze oefening met jou en je kind heeft gedaan.

### De beklaagdenbank

Deze opdracht vindt plaats in tweetallen, je kind zit tegenover je. Tijdens deze opdracht wordt er bijna niet gesproken en heb je een spiegel nodig.

Beiden gaan jullie in gedachten naar je eigen gevoel. Je kind neemt een persoon in gedachten waar hij een positieve mening over heeft. Deze mening uit hij drie keer hardop tegen jou die tegenover hem zit, waarbij hij jou aankijkt. Bijvoorbeeld: Ik vind je geweldig, ik vind je geweldig, ik vind je geweldig. Bij de vierde keer houd je een spiegel voor het gezicht van je kind en zegt: *Voel wat er met je gebeurt op het moment dat je jezelf de positieve mening ziet uiten.*

Daarna wisselen jullie, zonder met elkaar te praten, van rol en de opdracht wordt opnieuw uitgevoerd. Daarna vertel je aan elkaar wat er met je gebeurde op het moment dat je de spiegel voor je kreeg en je de positieve mening mocht uiten.

Deze opdracht kan ook uitgevoerd worden door een negatieve mening over iemand te geven. Wat gebeurt er dan met je en wat is het verschil tussen een positieve en een negatieve mening?

### Uit de dramadriehoek

Deze oefening moet je uitvoeren met minimaal drie mensen. Je bespreekt met je kind een conflict waar hij zelf bij betrokken is geweest. Ga vervolgens met de rugleuningen van jullie stoelen naar elkaar toe zitten. Het kind vertelt de conflictsituatie aan één van jullie, en die neemt de rol van de tegenpartij aan. Probeer de situatie zo echt mogelijk te spelen en reageer zo goed mogelijk vanuit je rol. Tijdens de situatie moet de andere ouder/verzorger een time-out inbouwen en aan de twee anderen vragen welke gedachten en gevoelens er spelen en wat een goede manier zou kunnen zijn om dit gesprek te vervolgen. Deze tips worden in het vervolg van het gesprek geoefend om er een positieve wending aan te geven. Vervolgens wordt het geoefende besproken en wordt geëvalueerd wat de oefening op gevoelsniveau heeft opgeleverd. Laat je kind (eventueel in een speciaal schrift) de tips opschrijven.

**Robotje**

Ga tegenover elkaar zitten. Een van beiden wordt een robot die alleen maar luistert, nadenkt en vervolgens antwoordt met 'ja' of 'nee'. Afhankelijk van de te oefenen situatie is de robot zichzelf, een ouder, een leerling of een docent. Indien het antwoord 'nee' is, krijgt de ander nog een keer de kans om een 'ja' te krijgen. Lukt dit wederom niet dan geeft de robot aan waarom hij dit antwoord heeft gegeven, dus waar dit mee te maken heeft. En hij vertelt wat de ander had moeten of kunnen doen om een 'ja' te krijgen. Voorbeeld: Iemand tikt tegen je stoel en je wilt dat hij hiermee stopt. 'Hé, stop met tikken, joh.' ('Nee.') 'Wil je alsjeblieft stoppen met tikken.' ('Ja.')

Wissel na elke situatie van rol. Je kunt zoveel situaties oefenen als je wilt. Je kunt hierbij gebruik maken van de situaties en onderwerpen die hieronder beschreven staan, maar het is ook zeer wenselijk dat je zelf situaties bedenkt en oefent waar je in het dagelijks leven regelmatig tegenaan loopt. Na afloop kun je de oefening als volgt nabespreken:

- Hoe was/voelde het om vragen te stellen?
- Hoe was/voelde het om ook eens een 'nee' te horen?
  Hoe was/voelde het om antwoord (positief of negatief) te geven?
- Tips (bijvoorbeeld: de manier van vragen stellen beïnvloedt het antwoord).

Je kind kan de tips (eventueel in een speciaal schrift) opschrijven.
Situaties/onderwerpen waar vragen over gesteld kunnen worden:
- Je wilt dat iemand met je meegaat naar... (film, disco, zwemmen e.d.). Vraag dit.
- Je wilt iets ruilen of iets lenen.
- Je wilt iets vragen aan een docent, zoals... (nogmaals iets uitleggen, niet eens zijn met het cijfer of antwoord, houden van klassenfeest, tegengaan van pesten, enzovoort). Vraag dit.
- Je wilt iets aan je ouders vragen zoals... (hoe laat thuis zijn, zakgeld, vrienden mee naar huis nemen, roken, alcohol, naar disco/kamp/vrienden mogen, enzovoort). Vraag dit.
- Je wilt niet naast... zitten.
- Je resultaten zijn slecht en je moet dit thuis vertellen.
- Je gaat tegen je docent vertellen dat je werkstuk of huiswerk niet af is.
- Je brengt iets wat je geleend hebt kapot of smerig terug.
- Je gaat aan je ouders vertellen hoe het komt dat je... (te laat bent, rookt, drinkt).
- Een medeleerling wil elke keer zijn zin doordrijven. Je bent daar al erg vaak in meegegaan en nu wil je dit een keer niet. Zeg hem dit.
- Iemand achter je zit steeds tegen je stoel te tikken, je hebt hier last van want jij wilt rustig werken. Zeg dit tegen hem.
- Je wilt dat iemand die regelmatig vervelende dingen tegen je zegt hiermee ophoudt.
- Iemand pakt dingen waaraan je gehecht bent van je af. Zeg hier iets van.
- In de supermarkt wil je niet het bovenste, uitgedroogde schaaltje vleeswaren.
- In de winkel kruipt iemand voor.
- Je bent met een vriend aan het praten, iemand komt ertussen en praat alleen met jouw vriend verder.
- Je stoort je eraan dat je vriend zeer vaak humeurig doet. Zeg hem dit.
- Reageer op een klasgenoot die regelmatig behulpzaam doet.
- Een vriend zegt dat je te dik bent.
- Je vriendin zegt dat je stinkt.
- Iemand zegt dat je er leuk uitziet.

## Kaartje trekken

Van tevoren heb je als ouder kaarten met kritische teksten gemaakt. Je zit tegenover elkaar en je kind trekt een kaart en leest de situatie voor. Je schrijft beiden op hoe je zou reageren. Als jullie beiden klaar zijn, vertel je elkaar wat je hebt opgeschreven en geef je elkaar feedback. Deze feedback kan positief of negatief zijn; als hij negatief is geef je de ander ook een tip. Je kind kan deze tip(s) (eventueel in een speciaal schrift) opschrijven.

*Voorbeelden van kaartjes met situaties:*
- Je biologiedocent zegt dat je schrift een puinhoop is.
- Iemand met wie je een werkstuk maakt, zegt dat wat jij gemaakt hebt niet goed is.
- Iemand zegt dat je eigengebakken cake heerlijk is.
- Een vriendin zegt dat je haar leuk zit.
- Je vindt de eigengemaakte soep van je moeder niet lekker.
- De trui die je oma heeft gebreid vind je erg mooi en hij is lekker warm.
- De conciërge zegt dat je je corvee niet goed hebt uitgevoerd.
- Je vriendin vindt je te mager.
- De persoon achter je in de rij botst regelmatig met het winkelwagentje tegen je hak.
- Je lerares Nederlands zegt in de klas dat je boekverslag héél goed is.
- Je buurjongen zegt dat je knap bent.
- Je vader zegt tegen je dat je kamer wel een vuilnisbelt lijkt.
- Je vindt de kleur van een T-shirt dat je moeder heeft meegenomen verschrikkelijk.
- De cd van Frans Bauer die je op je verjaardag van een vriend hebt gekregen, vind je erg mooi.
- Een leerling uit jouw klas zegt dat je te veel en te hard praat.
- Je moeder zegt dat je te veel snoept.
- De patat is te hard gebakken en dit vind je niet lekker.
- Je wilt liever het iets lichter gebakken brood.
- Je buurman stinkt uit zijn mond.

- Je krijgt jouw boek terug met allemaal ezelsoren.
- Je vindt het fijn dat je vriendin je zo goed heeft geholpen met je huiswerk.
- In de bus drukt de persoon achter je regelmatig zijn paraplu in jouw rug.

**Mag het iets meer zijn?**

Deze oefening moet je uitvoeren met minimaal vier mensen. Zet een stoel in het midden van de kamer. Een van de deelnemers neemt plaats op de stoel. De anderen veranderen bij de persoon de houding, de gezichtsuitdrukking, het uiterlijk, de kleding of iets dergelijks, of zij laten alles zoals het is. Dit doen ze door hem dit te zeggen. De deelnemers gaan hiermee door totdat de persoon op de stoel is zoals de anderen hem zien.

*Nabespreken:*

– Hoe is het om iemand te mogen veranderen?
– Klopt jouw beeld van deze persoon met het beeld dat de anderen hebben?
– Wat heb je zo gelaten en waarom?

## Anders denken helpt

Als ouder vertel je je kind een verhaal over Jaap die voor het eerst op voetbalkamp gaat en die veel heimwee heeft. Hij baalt hier stevig van. Verder heeft hij vaak negatieve gedachten die hem een rotgevoel geven of die ervoor zorgen dat hij dingen niet doet of alsmaar uitstelt. Laat je kind nadenken over welke *andere* gedachten Jaap zou kunnen hebben die hem een beter gevoel zouden kunnen geven over het voetbalkamp. Bespreek vervolgens met je kind een situatie die hij zelf stressvol vindt en probeer samen andere, helpende gedachten te formuleren. Daarbij komen ook de volgende vragen aan de orde.
- Wat denk je en wat voel je in eerste instantie?
- Wat gebeurt er als je de helpende gedachten gebruikt?
- Wat voelt er dan anders?
- Stel je bij elke nieuwe gedachte de vraag: klopt deze gedachte en helpt deze nieuwe gedachte je?

Je kind kan de helpende gedachten (in een speciaal schrift) opschrijven en kijken of hij deze vaker kan toepassen zodat hij zich beter voelt of minder vaak dingen uitstelt of ontwijkt. In bijlage 2 zit een 'GGGG-schema' dat je ook kunt gebruiken als je helder wilt krijgen welke gedachten iemand heeft in bepaalde stressvolle situaties.

**Slappe pop, stijve pop**

Je kind staat met zijn ogen dicht. Je vraagt hem zich voor te stellen dat hij een touwtje is. Het touwtje hangt aan een stokje. Het hele lichaam is het touwtje en hangt slap in de wind. Terwijl je kind zich probeert voor te stellen dat hij een touwtje is, loop je naar hem toe en geef je hem een duwtje tegen de schouder. Kijk wat er gebeurt. Je kind blijft met zijn ogen dicht staan. Nu vraag je je kind of hij zich wil voorstellen dat hij een grote boom is. Een boom die stevig in de grond staat. Terwijl je kind zich voorstelt dat hij een stevige boom is, loop je weer naar hem toe en geef je hem weer een duwtje tegen de schouder. Je kind vertelt wat het verschil was tussen de ervaringen als slap touwtje en als stevige boom. Wat voor verschillende effecten hadden de duwtjes die ze kregen? Vervolgens wordt uitgewisseld hoe het is om een spreekbeurt te houden, om iemand de weg te vragen, om op te treden in een toneelstukje of om te spreken voor een groep mensen. Wat kun je doen om stevig te staan? Laat je kind eens met klasgenoten praten en vragen welke strategie zij gebruiken om een spreekbeurt goed te kunnen houden. Wat werkt en wat werkt zeker niet?

**Geven en ontvangen**

Voor deze oefening is het hele gezin nodig. Het is ook leuk om deze oefening met meer mensen te doen, bijvoorbeeld andere familieleden of vrienden. Deze oefening is niet alleen goed voor sociaal onhandige mensen maar ook voor veel anderen, zeker voor wie moeite heeft met geven en/of ontvangen.

Het gehele gezin loopt door de kamer. Als je iemand tegenkomt, kijk je die persoon aan, je blijft stilstaan en een van beiden geeft de ander een compliment. Als je een compliment gaat geven, vraag je eerst aan de ander: mag ik je een compliment geven? Als de ander 'ja' zegt, geef je kort en helder een compliment. De ander bedankt je en daarna lopen jullie beiden weer verder door de kamer en ga je op zoek naar iemand anders die je een compliment wilt geven. De ander mag niet direct een compliment teruggeven of reageren op het compliment. Na tien minuten gaat iedereen zitten en wordt deze opdracht nabesproken. Hierbij komt aan bod:

- Wat vond je makkelijker: een compliment geven of krijgen?
- Welke complimenten heb je als prettig ervaren en welke als minder prettig?
- Wat voor complimenten gaf je zelf en welke heb je niet gegeven?
- Waarom vinden veel mensen het zo lastig complimenten te geven?
- Waarom vinden veel mensen het ook lastig om complimenten te krijgen?

**Hoe dichtbij kan/mag?**

Als je beter voor jezelf wilt opkomen, moet je weten wat voor jou belangrijk is, wat je wel en niet prettig vindt, wat je naar of moeilijk vindt. Je lichaam is je vriend; je lichaam geeft signalen waardoor je kunt voelen dat er een grens bereikt wordt, waardoor je kunt voelen of iets prettig is of niet, of iets voor jou goed is of niet. Met deze oefening leer je bewust luisteren naar lichaamssignalen en leer je grenzen aan te geven in afstand en nabijheid. Met behulp van deze signalen gaat je kind de grenzen aangeven van de ruimte tussen jou en hem die hij nodig heeft om zich prettig te voelen.

Je zit tegenover elkaar, ieder aan een kant van de ruimte. Je kind maakt met zijn hand(en) bewegingen die zeggen 'kom maar'. Hij roept 'stop' als hij in zijn lijf een signaal voelt, bijvoorbeeld gekriebel of kramp in zijn buik, of als hij het warm of koud krijgt. Als je kind zich weer rustig voelt, wissel je van rol. Jullie gaan op zoek naar wat voor allebei een goede afstand is, zodat je je op je gemak kunt voelen. Neem rustig de tijd, experimenteer met een stapje voor- en achteruit om te voelen of dat ook nog goed voelt. Jij als ouder kunt je kind met verschillende gezichtsuitdrukkingen en lichaamshoudingen benaderen en kijken welke invloed dit op je kind heeft. Bespreek samen de oefening na. Wat maakt dat jij wel of niet makkelijk iemand over je grenzen laat gaan en welke signalen heb je gevoeld? En wat zorgt ervoor dat je bij een bepaalde gelaatsuitdrukking of lichaamshouding eerder 'stop' zegt? Je kunt je kind deze oefening ook met anderen laten uitvoeren.

## Onder de duim?

Tijdens deze oefening kun je leren beter voor jezelf op te komen. Je staat tegenover je kind. Druk allebei de (rechter) elleboog tegen je zij. Steek de onderarm horizontaal uit, waarbij je de vingers om de vingers van de ander haakt. Zo staan de duimen tegenover elkaar. De kunst is om de duim van de ander 'eronder' te krijgen; dus met jouw duim probeer je de duim van de ander vast te drukken. Voordat je begint, tel je tot drie, terwijl de duimen over elkaar heen van plaats verwisselen. Als het gelukt is, probeer je het nog eens. Let erop dat de elleboog op de plaats blijft. Bespreek samen hoe je deze oefening hebt ervaren en hoe het is om iemand onder de duim te houden of hoe het is als je zelf onder de duim wordt gehouden.

## Voelen doe je met je lijf

Deze oefening kun je gebruiken om verschillende zaken te evalueren of te bespreken. Op tafel liggen open kaarten met prettige en onprettige gevoelens. Laat je kind reflecteren op de afgelopen gesprekken of andere dingen die hij heeft meegemaakt door hem een kaart van een prettig moment en een onprettig moment tijdens de gesprekken of de andere gebeurtenissen te laten kiezen. Hij vertelt iets over zijn gekozen kaarten.

*Voorbeelden van kaarten met prettige gevoelens*
Trots / hoopvol / helder / verlangend / enthousiast / veilig / vol vertrouwen / sexy / energiek / blij / geaccepteerd / nuttig / opgelucht / gewaardeerd / dankbaar / gelukkig / gerustgesteld / gesteund / fit / ontspannen / tevreden / krachtig / ondeugend / goed / opgewonden / voldaan / vrij / verbonden met / verliefd / in balans / vrolijk / op mijn gemak / capabel / aangenaam verrast / optimistisch / waardevol / uitgedaagd / twee blanco kaartjes.

*Voorbeelden van kaarten met onprettige gevoelens*
Moedeloos / angstig / boos / bang / beledigd / ondankbaar / opstandig / verveeld / verward / voor schut gezet / verdeeld / verslagen / ongemakkelijk / in de steek gelaten / eenzaam / onveilig / ontevreden / onrustig / schuldig / gestresst / leeg / ongelukkig / jaloers / verdrietig / geïrriteerd / somber / niet serieus genomen / agressief / mislukt / onbelangrijk / overbodig / zenuwachtig / ongevoelig / uit balans / alleen / gespannen / onzeker / twee blanco kaartjes.

Je kunt deze gevoelskaarten ook kant-en- klaar kopen:
bij Gerrick (**www.kwaliteitenspel.nl**).

**Dobbelen voor het leven**
Deze oefening kun je alleen uitvoeren als je in het bezit bent van het spel *Dobbelen voor het leven*. Dit spel is ook erg goed te gebruiken om met het gehele gezin, vrienden, kennissen of je collega's te spelen. Het spel *Dobbelen voor het leven* is niet los in de winkel verkrijgbaar. Misschien is de school in het bezit van het *Handboek Socialevaardigheidstraining* en het spel en kun je het lenen. Het is ook verkrijgbaar via de site **www.orthoconsult.nl**.

Het spel bestaat uit een doosje met twee dobbelstenen met daarop vijf verschillende kleuren, en een stapel kaartjes met daarop per thema een situatiebeschrijving om te oefenen. Hier volgt een korte omschrijving van het spel.

*Doel*
- Oefenen van mondelinge vaardigheden en sociale vaardigheden binnen alle thema's, met behulp van op kaartjes beschreven situaties.
- Puntjes op de i zetten met betrekking tot de verbale en non-verbale communicatie.

*Benodigdheden*
- Zachte bal.
- Een kring met stoelen.
- Doosje met dobbelstenen en kaartjes met situaties (zit in het spel).
- Een van de deelnemers is spelleider.

*Spelregels:*
- Een zachte bal wordt door de deelnemers overgegooid, de spelleider zegt op een gegeven moment 'stop'. Diegene die de bal heeft, zoekt iemand uit de groep met wie hij/zij een situatie wil gaan oefenen (per bijeenkomst mag je maar één keer met dezelfde persoon oefenen).
- De dobbelsteen wordt gegooid en de deelnemer pakt het bovenste kaartje van de stapel met de kleur die de dobbelsteen aangeeft. Hij/zij kan kiezen tussen een kaartje met en zonder stip (een kaartje met stip heeft meer uitdaging in zich).
- Hij leest de situatie op het kaartje hardop voor, de rollen worden verdeeld en de situatie wordt geoefend.
- Als de dobbelsteen op zwart komt mag de deelnemer zelf een kleur (= thema) kiezen waar hij/zij mee wil oefenen.

Elk thema heeft een kleur
- Rood = contact maken en ervaren
- Geel = voor jezelf opkomen ook als dit moeilijk/lastig is
- Wit = wat zeggen ze tegen me (feedback ontvangen)
- Blauw = wat zeg ik tegen een ander (feedback geven)
- Zwart = zelf een thema kiezen

*Nadat een situatie is geoefend wordt deze kort als volgt nabesproken:*
- De deelnemer die is gekozen om mee te oefenen wordt bedankt.
- Wat vindt de gooier van de dobbelsteen goed van zichzelf?
- Wat vindt de groep goed van de gooier van de dobbelsteen?
- Welke tip(s) heeft de groep voor de gooier van de dobbelsteen? Over tips wordt niet gediscussieerd. Hij doet hier iets mee (of niet), of hij denkt hier nog even over na en gaat er dan iets mee doen (of niet).

## 5.3 Oefeningen en opdrachten die je extern kunt uitvoeren

**Ik ben de moeite waard, omdat ...**

Geef je kind na het eerste gesprek de volgende opdracht. Je kind gaat aan minimaal drie mensen (begin zo veilig mogelijk) vragen waarom hij de moeite waard voor hen is. De gevraagde persoon schrijft dit (eventueel in een speciaal schrift) voor het kind op. Tijdens het volgende gesprek probeer je woorden of stukjes van een zin of tekst te ankeren (zie paragraaf 5.2, oefening Symbool). Je kind ervaart zo dat zijn geven is gezien en hierdoor kan een eventuele onbalans tussen geven en nemen worden hersteld. Verder zou hij de positieve uitspraken ook kunnen inzetten in situaties die voor hem lastig zijn. Het woord of een stukje van een zin of tekst zou hem dan kunnen helpen de voor dat moment juiste beslissing te nemen. Vragen die je tijdens het ankeren kunt stellen zijn de volgende.

- Wat betekent dit voor je?
- Waarom heb je het aan deze persoon gevraagd, wat maakt hem/haar zo belangrijk voor jou?
- Wat voelde je erbij?
- Wat geeft jou deze tekst precies?

Wees voorbereid op sterke emoties. Je kind kan een tekst voorlezen die hem verdrietig zou kunnen maken. Dit vraagt om een rustige, respectvolle benadering. Ook hier geldt: aanvullen mag, afnemen niet.

**T-shirt kopen!**

Geef je kind de opdracht om morgen in een winkel in de buurt een T-shirt te kopen dat hem drie maten te groot of te klein is. Hij mag het niet passen in de winkel. Het is de bedoeling dat hij zogenaamd pas thuis het T-shirt past en erachter komt dat dit hem drie maten te groot of te klein is. De volgende dag brengt hij het T-shirt terug en vraagt hij zijn geld terug. Je kind noteert (eventueel in een speciaal schrift) gevoelens en gedachten die hij tijdens deze opdracht heeft gehad en verder noteert hij hoe hij heeft geprobeerd om deze opdracht succesvol uit te voeren. Nadat je kind de opdracht heeft uitgevoerd bespreek je de opdracht met hem na. Vraag je kind hoe hij de opdracht heeft uitgevoerd. Hierbij kan je kind gebruik maken van de zaken die hij heeft opgeschreven. Verder kun je aan je kind vragen wat het voor hem betekent dat hij deze opdracht zo succesvol heeft uitgevoerd. Zo ervaart hij dat hij meer kan dan hij denkt.

## 5.4  Evaluatie van de totale begeleiding

Tijdens de evaluatie van de totale begeleiding kan je kind aangeven wat hij van de begeleiding heeft gevonden. Vervolgens kun je samen met je kind kijken of de doelen gehaald zijn. Verder kunnen jullie beiden aangeven hoe de gehele begeleiding voor jullie voelde. Allen (ouder(s)/verzorger(s) en kind) vertellen elkaar wat hun van de ander is bevallen en welke tips ze voor de ander hebben. Verder geven allen aan wat ze van de begeleiding meenemen. Ouder en kind kunnen dit (eventueel in een speciaal schrift) opschrijven.

# 6 Verbinding met begeleiding door derden

Een kind krijgt in zijn leven met verschillende mensen te maken die hem begeleiden in de groei naar volwassenheid. Tijdens deze groei kunnen stagnaties optreden. Het is onze ervaring dat steeds meer scholen ervoor openstaan om als een kind een probleem heeft, op school en/of daarbuiten, hierover met het kind en zijn ouders in gesprek te gaan. Op de basisschool is dit met de groepsleraar eerder het geval dan met een vakdocent of de mentor in het voortgezet onderwijs. Binnen scholen werken tegenwoordig speciale begeleiders die kinderen met sociaal-emotionele problemen begeleiden. In het basisonderwijs worden deze IB-ers (intern begeleiders) en in het voortgezet onderwijs vaak leerlingbegeleiders of counselors genoemd. Deze begeleiders zijn het aanspreekpunt voor het kind en zijn ouders. In de schoolgids staat meestal vermeld wie dat zijn. Als de school zelf geen socialevaardigheidstraining aanbiedt, hebben ze hier vaak een organisatie voor ingehuurd of bestaan er contacten met een organisatie (bijvoorbeeld Bureau Jeugdzorg). Het is voor het kind belangrijk dat er een goede samenwerking is tussen de ouders en de school, en/of een organisatie die de begeleiding van het kind verzorgt. Zij kunnen niet zonder elkaar.
De moeder van Jasper:

> *'Tijdens de socialevaardigheidstraining moet mijn kind allerlei opdrachten doen waar ik het nut niet van inzie. Zo moet hij een te groot T-shirt kopen en het dan weer terugbrengen omdat het te groot is. Die onzinnige opdracht hoeft hij van mij niet te doen, daar leert hij toch niets van, zonde van de tijd. Ik weet wel wat het beste is voor mijn kind.'*

## 6.1 De dynamische driehoek

Bij het opvoeden van kinderen werken ouders en school nauw samen. Binnen deze situatie heeft ieder zijn eigen verantwoordelijkheid. Dit noemen wij een heilig principe. Is dit in de praktijk ook zo vanzelfsprekend? De school heeft vaak het gevoel dat de 'opvoeding', die zij met veel moeite op school geven, thuis teniet wordt gedaan. Ouders hebben vaak het gevoel dat de school hen niet begrijpt of wil begrijpen. Verder weet je als ouders, meestal door schade en schande wijs geworden, dat je nooit aan je kind je frustraties over de school mag laten blijken. Dit geldt omgekeerd ook voor de school als het gaat om de ouders. Kinderen komen vaak wel met klachten over hun ouders bij hun mentor of over school bij hun ouders, maar als de school zou klagen over de ouders of ouders over de school werkt dit meestal negatief.

> De vader van Fouad zit bij de conrector omdat zijn zoon deze week al drie keer de klas uit is gestuurd. Voor de zoveelste keer vertelt hij, waar zijn zoon bij zit, dat hij vroeger ook geen lieverdje was en dat hij toch ook goed terecht is gekomen als bedrijfsleider van een supermarkt. Hij vindt het goed dat zijn zoon van zich afbijt als dat nodig is; de vorm doet er dan niet zoveel toe.

Zoals gezegd delegeer je de verantwoordelijkheid voor onderwijs en begeleiding van je kind in goed vertrouwen aan de school. Het is dan niet handig om tegenstanders van elkaar te zijn. Het is veel beter als de verantwoordelijkheid van school en ouders in het verlengde van elkaar liggen. Dan krijgt het kind echt de kans te groeien en zich te ontwikkelen. Hoe geef je vorm aan deze gedeelde verantwoordelijkheid? Met andere woorden: hoe kun je thuis en school op elkaar afstemmen? De verhoudingen tussen de drie partijen kunnen worden weergegeven in een driehoek, waarbij de drie partijen in de hoekpunten staan en we de zijden beschouwen als contact- en communicatielijnen. Binnen deze driehoek vinden vele processen plaats die het leven sterk beïnvloeden, waarbinnen het kind de kans krijgt om te groeien. Als de verhouding tussen de ouders en het kind niet geweldig verloopt, gebeurt het vaak dat het kind zijn gram op school gaat halen door een medeleerling of zijn leraar het leven zuur te maken. Terwijl hij eigenlijk zijn vader rechtstreeks zou moeten aanspreken. Als de ouders en de school niet zo goed samen door één deur kunnen en ze dat aan het kind laten merken, dan kan het zijn dat het kind zijn loyaliteit aan zijn ouders laat zien door bijvoorbeeld eigendommen van de school te vernielen. Ook het wel of niet kiezen van een bepaald vak heeft te maken met hoe goed de verbinding met de leraar (school) is en is niet alleen gebaseerd op wat nodig is. We spreken daarom van een dynamische driehoek, omdat er binnen de driehoek continu beweging is.

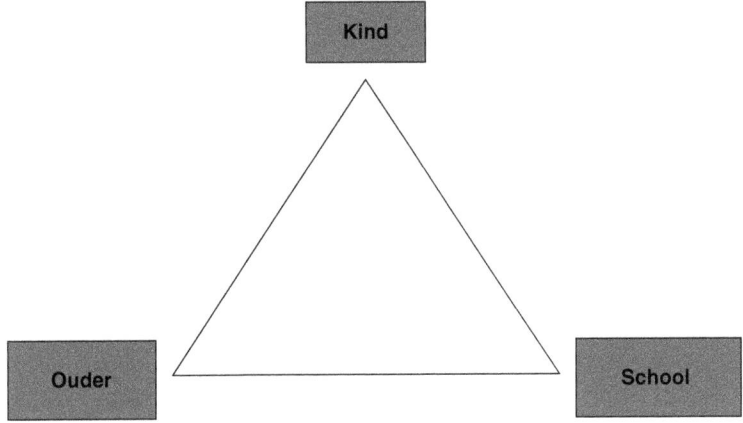

De dynamische driehoek

Ouders zijn gedwongen zich in meerdere opzichten aan de school aan te passen, maar dat betekent voor de school dat zij zo veel mogelijk rekening moet houden met de eigen verantwoordelijkheid en de verantwoordelijkheid van ouders. We tekenen hier de driehoek als een gelijkzijdige driehoek. Als dat in werkelijkheid ook het geval is, spreken we van een evenwichtige situatie, waarbinnen het kind ruimte heeft zich te ontwikkelen. De ruimte biedt veiligheid, zelfvertrouwen, geborgenheid, uitdaging, avontuur, aanhankelijkheid en zelfstandigheid.
Als de onderlinge verhoudingen veranderen, gebeurt er iets met de zijden van de driehoek en ook met de groeiruimte. Als bijvoorbeeld de verhouding tussen de ouders en het kind niet geweldig verloopt, dan zal dit ook van invloed zijn op de verhouding tussen het kind en de school en tussen de ouders en de school. Dit alles heeft weer invloed op de groeiruimte van het kind.

Op school heeft Annette regelmatig ruzie met haar mentor over de meest uiteenlopende zaken, vaak zijn het futiliteiten. Tijdens een gesprek dat Annette met haar leerlingbegeleider heeft naar aanleiding van een conflict met haar mentor, komt boven water dat Annette de conflicten die ze thuis met haar moeder heeft, uitvecht met haar mentor omdat deze op haar moeder lijkt.

De ochtend na de tienminutenavond gedraagt Henk zich nogal negatief tijdens de les van de wiskundedocent waar de ouders de vorige avond een onprettig gesprek mee hebben gehad. De docent wijt de slechte resultaten van Henk aan het feit dat de ouders niet consequent optreden wanneer het gaat om het maken van huiswerk. Henks ouders hebben dit aan hun zoon verteld toen zij thuis door hem werden opgewacht en hij vroeg: 'En, wat zei hij?'

## 6.2  Wat kunnen we samen?

Signaleren en herkennen is zowel de taak van de ouders en de omgeving, als van de school. Als er bij het kind problemen zijn gesignaleerd en er naar aanleiding van deze signalen een diagnostisch gesprek of intakegesprek heeft plaatsgevonden en het kind gaat deelnemen aan een socialevaardigheidtraining, is het voor de trainers en de ouders belangrijk te investeren in verbinden en vertrouwen met als opbrengst groei en ontwikkeling van het kind. Het is van belang dat je als ouder niet het gevoel hebt dat jij schuldig bent aan het sociaal onhandige gedrag van je kind en dat jouw kind geen uitzondering is of een afwijking heeft. Als ouder is het belangrijk wel het gevoel te krijgen dat je samen verantwoordelijk bent voor de begeleiding van je kind. Tijdens het contact met de trainers wordt besproken wat handig en minder handig is om thuis aan je kind te vertellen. Het is erg belangrijk dat het kind van zijn ouders de boodschap of opdracht krijgt dat het mag veranderen, dat hij het anders mag doen. Zo komt het kind minder snel in een eventueel loyaliteitsconflict. Er zijn namelijk kinderen die zich uit loyaliteit zo gedragen dat ze gepest móeten worden, omdat hun moeder ook altijd gepest is. Of die conflicten met de vuisten oplossen omdat ze dat vader ook zo zien doen. Als kinderen weten dat het goed is dat zij het anders mogen doen dan hun ouders, voelen ze zich niet deloyaal als zij dat ook daadwerkelijk doen. Trainers en ouders hebben elkaar nodig voor de begeleiding van het kind.
Er zijn trainingen waar een van de ouders de gelegenheid wordt geboden deel te nemen aan een trainingsbijeenkomst. Dit blijkt een zeer

grote invloed te hebben op het veranderingsproces van hun kind. In dat geval blijft de samenwerking tussen de ouders en de trainers niet beperkt tot een oppervlakkige kennismaking, maar zeggen de ouders en de trainers expliciet 'ja' tegen elkaar en werken zij als bondgenoten samen, met hetzelfde doel: het kind helpen zijn sociale onhandigheid te overwinnen. Als er geen ouderbijeenkomsten zijn is het verstandig om als ouders te weten wat er met het kind gebeurt tijdens de bijeenkomsten en met welke eventuele opdrachten het kind thuis kan komen. Ook uit het oogpunt van loyaliteit is de betrokkenheid van ouders bij trainingen van groot belang.

> Tijdens de bijeenkomsten met de ouders ziet Marieke dat haar vader erg hard zijn best doet om zijn emoties te verbergen. En tijdens een oefening waarbij je voor jezelf moet opkomen, probeert hij het erg goed voor te doen. Marieke ziet dat hem dit zwaar valt. In de auto op weg naar huis hebben ze het hierover. Vader zet de auto aan de kant en zegt dat hij erg trots is op Marieke. Hij ziet dat zij erg haar best doet om te veranderen en dat het al een stuk beter gaat. Wat hij erg goed vindt, is dat ze veel eerder en makkelijker nee zegt. Dan ziet Marieke weer dat haar vader zijn emoties wegslikt, waarop zij reageert met: 'Papa, waarom laat jij je emoties niet zien?' Vader zegt dat hij dit heel moeilijk vindt en dat hij nu ook begrijpt waarom Marieke hier zo veel moeite mee had. Vader vindt het namelijk ook moeilijk om over emoties te praten en om 'nee' te zeggen, daarom geniet hij zo als hij ziet dat Marieke het steeds beter kan. Marieke begint te huilen en door haar tranen heen ziet vader een glimlach.

# Begeleiding voor de jongere zelf

Dit hoofdstuk is speciaal voor het kind geschreven. In dit hoofdstuk wordt het kind aangesproken en worden de oefeningen, die het kind kan gebruiken om zichzelf te begeleiden, op een heldere en duidelijke manier beschreven. Het is erg belangrijk dat je kind dit hoofdstuk zelf leest. In de rest van het hoofdstuk richten we ons tot je kind.

In dit hoofdstuk staan oefeningen die jou kunnen leren te reageren in sociale situaties. Ze zijn op een eenvoudige manier beschreven. Mocht je iets niet begrijpen, dan kun je dit altijd aan je ouder(s)/verzorger(s) vragen. Verder kun je bij de oefeningen en opdrachten natuurlijk altijd de hulp van je ouder(s)/verzorger(s), een vriend of een leraar inroepen. Bij alle oefeningen en opdrachten staat het leren toepassen van sociale vaardigheden centraal. Dit is een onderdeel van het begeleidingsplan dat je samen met je ouders en een eventuele hulpverlener opstelt. Het ontwikkelen van je sociale vaardigheden is erg belangrijk voor het vergroten van jouw zelfvertrouwen en het verbeteren van je zelfbeeld. Als jij een jongere bent tussen de tien en achttien jaar, dan kun je hiervoor de onderstaande oefeningen en opdrachten prima gebruiken.

## 7.1 Oefeningen en opdrachten voor jongeren, eventueel begeleid door ouders/verzorgers

**Ik en de mensen om mij heen**

Lees de oefening eerst helemaal en voer hem dan pas uit. Zet in het midden van een groot vel papier in grote, dikke letters je naam en zet hier een cirkel omheen. Om je naam heen zet je alle mensen en groepen mensen waar je een relatie mee hebt. Ook deze omcirkel je.

Daarna verbind je deze mensen met jou door lijnen te trekken. Je houdt rekening met de volgende spelregels:

- De mensen met wie je je meer verbonden voelt, zet je dicht bij je naam, de mensen met wie je je minder verbonden voelt, zet je verder weg.
- Relaties waar je je goed bij voelt teken je in een groene lijn, relaties waar je je minder goed bij voelt in een rode lijn.
- Relaties waarin jullie veel met elkaar omgaan, geef je een dikke lijn, de andere relaties een dunne of zelfs een stippellijn.
- Je schrijft bij de relatie hoe lang die al bestaat.
- Als je met een groep omgaat en met de ene helft heb je een goed contact en met de andere helft een minder goed contact, kun je de cirkel in twee delen splitsen en twee lijnen trekken. Als je klaar bent, kun je jouw vel met iemand (bijvoorbeeld je ouders of een vriend) bespreken. Bespreek met elkaar welke dingen opvallen. Je kunt dit ook voor jezelf houden en zelf kijken of je iets opvalt.

**Verwijten doen wat met je**

Ga voor jezelf eens na welke verwijten of negatieve opmerkingen jij vaak krijgt. Schrijf deze op een papier. Zet er het volgende bij.
- Van wie krijg je deze verwijten?
- Wat klopt er van deze verwijten of negatieve opmerkingen?
- Wat komt door jou en wat komt door de ander?
- Wat zegt dit verwijt over de ander?
- Wat vind jij dat er niet juist is?
- Ben je bereid om dat wat niet door jou komt of wat niet juist is, bij de ander te laten?
- Als je dat op papier hebt gezet, ga je bij ieder verwijt na wat de ander denkt met dit verwijt bij jou te bereiken.
- Daarna schrijf je vier verwijten op die je zelf wel eens hebt gemaakt en je schrijft er ook bij wie je die verwijten hebt gemaakt. Wat wilde jij met deze verwijten bereiken?
- Vergelijk je antwoorden. Is er een overeenkomst?

Als je klaar bent kun je jouw vel met een ander (bijvoorbeeld je ouders of een vriend) bespreken. Bespreek met elkaar dingen die opvallen. Je kunt dit ook voor jezelf houden en zelf kijken of je iets opvalt.

## Ontspanningsoefening

Als je vaak wat gespannen of druk bent, kun je met een ademhalingsoefening proberen jezelf wat rustiger te krijgen. Als mensen gespannen of druk zijn, ademen ze vaak meer via de borst dan via de buik. Probeer de ademhaling naar je buik te krijgen. Dit kun je doen door een hand op je buik te leggen, ter hoogte van je navel, en te proberen om naar je hand toe te ademen. Adem zo diep mogelijk in en uit. Door een diepe, rustige buikademhaling worden veel mensen rustig en ontspannen.

## Op zoek naar je kracht/hulpbronnen

Een waarschuwing vooraf! Je kunt tijdens deze oefening sterk emotioneel geraakt worden. Het kan namelijk zijn dat je een symbool kiest dat je zeer na aan het hart ligt en dat je daardoor verdrietig, angstig of boos maakt. Als dit het geval is, bespreek dit dan met je ouder(s)/verzorger(s) of een vriend of kennis.
Ga op zoek naar een symbool dat voor jou staat voor een succeservaring in een sociale situatie. Het symbool kan een ding of een persoon zijn. Als het niet mogelijk is om het echte exemplaar steeds ('live') bij je te dragen, omdat het te groot is of een (al dan niet nog levende) persoon, zoek dan een foto of een tekening. Probeer het symbool voor jezelf te 'ankeren'. Met ankeren bedoelen we dat je, door jezelf er vragen over te stellen, het symbool voor jezelf sterk gaat maken, zodat je het symbool in lastige situaties kunt gaan inzetten. Het symbool zou je kunnen helpen de op dat moment juiste beslissing te nemen. Vragen die je jezelf tijdens het ankeren kunt stellen zijn onder andere de volgende.
- Wat betekent het symbool voor je?
- Waar heb je het gevonden?
- Van wie heb je het gekregen?
- Wat voel je erbij?
- Wat geeft jou precies de kracht?
- Als je het kwijt zou raken, ben je dan ook je kracht kwijt?

**Anders denken helpt**

In jouw hoofd zitten allerlei gedachten, zowel positieve als negatieve. Beide beïnvloeden je gevoel en dit beïnvloedt weer je gedrag. Door het GGGG-formulier (zie bijlage 2) in te vullen kun je voor jezelf helder krijgen welke gedachten jij hebt bij een bepaalde (stressvolle) situatie en welke invloed dit op jou heeft. Het gaat er ook om of je dit graag wilt veranderen. Daarbij kun je je de volgende vragen stellen.

- Wat denk je en wat voel je in eerste instantie?
- Wat gebeurt er als je niet-helpende of helpende gedachten gebruikt?
- Wat voelt er dan anders?
- Stel je bij elke nieuwe gedachte de vraag: klopt deze gedachte en helpt deze nieuwe gedachte me?

Je kunt de helpende gedachten (in een speciaal schrift) opschrijven en kijken of je deze vaker kunt toepassen, zodat je je vaker beter voelt of minder vaak dingen uitstelt of uit de weg gaat. Veel plezier!

## De pot verwijt de ketel ...

1. Slik/accepteer/neem het verwijt (100%) → REGISTREER gevoelens en gedachten

| Gevoelens | Gedachten |
|---|---|
|  |  |

2. Ga in de verdediging → REGISTREER gevoelens en gedachten

| Gevoelens | Gedachten |
|---|---|
|  |  |

3. Splits het verwijt;   - wat jij neemt
   - wat je laat bij de ander
   → REGISTREER gevoelens en gedachten

| Gevoelens | Gedachten |
|---|---|
|  |  |

Aan het einde kun je alleen of samen reflecteren (terugkijken) en reageren op de antwoorden.

**Schouderklopje**

Een waarschuwing vooraf! Je kunt tijdens deze oefening sterk emotioneel geraakt worden. Het kan zijn dat je heftig reageert op wat die je van jezelf mag of moet ontvangen. Dit zou je verdrietig kunnen maken. Als dit het geval is, bespreek dit dan met je ouder(s)/verzorger(s) of een vriend of kennis.

Geef jezelf de komende week (en het liefst vanaf nu elke week) minimaal drie schouderklopjes. Doe dit ook echt ('live'), zodat je het ook echt voelt.

Schrijf op (eventueel in een speciaal schrift) waarvoor je jezelf een schouderklopje hebt gegeven. Noteer ook wat dit voor je betekent. Probeer de schouderklopjes zo veel mogelijk te koppelen aan een sociale situatie. Zo ervaar je dat je bestaat en dat je er toe doet.

### Donder en bliksem

Met deze oefening ga je ervaren dat je bestaat, dat je er toe doet. Verder is het een oefening in jezelf uiten en het aangeven van grenzen. Het is vaak prettig als je tijdens deze oefening rustige muziek op de achtergrond draait. Je hebt wel eens momenten dat je je niet goed voelt. Er gebeuren wel eens dingen in je leven waar je niet zo blij mee bent, waar je boos, verdrietig of teleurgesteld van wordt. Soms doet iemand je erg veel pijn, bijvoorbeeld als je gepest wordt. Het is moeilijk om zo'n gevoel weer kwijt te raken. Soms reageer je het af op iemand anders. Je doet dan lelijk tegen je moeder, vader, broertjes, zusjes of een vriend of kennis. Donder en bliksem is een oefening die je kan helpen om je af te reageren, zodat je je daarna beter voelt. Een donderwolk is geen gewone wolk. Het is er een die meer en meer spanning in zichzelf vasthoudt, hij is als het ware helemaal opgeladen. Op een bepaald moment, niemand weet precies wanneer ... dan barst hij los. Als hij erop los dondert is dat flink schrikken! Wij gedragen ons ook wel eens zo. Als je te veel nare dingen meemaakt en in jezelf opslaat, dan voel je wel eens zo'n donderwolk in je lijf groeien. Als je dan niets doet of zegt, kun je er zelfs buikpijn of hoofdpijn van krijgen. En als het lang duurt, barst je ook wel eens zomaar uit, soms tegen iemand die er niks mee te maken heeft. Als het gedonder eenmaal begonnen is, komt echt alles los uit de wolk, hij trilt en schudt, de bliksem flitst van boven naar beneden en vaak gaat het ook nog eens flink regenen ... dat is als je moet huilen. Hè, hè, dat lucht op, het lijkt wel of alles dan wordt schoongewassen. De donderwolk doet dat met de lucht en de aarde, jij spoelt jezelf van binnen schoon, zodat je je meer ontspannen en beter voelt. Het helpt je om je helemaal af te reageren, zonder dat iemand er last van heeft en daarna voel je je meer ontspannen.

Bedenk iets waar je wel eens boos of verdrietig van wordt, of voel nu in je lijf of jij ook zo'n donderwolk met je meedraagt. Ga stevig staan, je voeten iets uit elkaar.

- De donderwolk laadt zich op. Met elke hoorbare uitademing wordt hij groter en dikker. Dikker en dikker ... tot ...
- De donder eruit knalt! Stomp of gooi je armen in de lucht. Stomp met stevige vuisten alle kanten uit. Gooi alles eruit wat er aan spanning in je zit. Maak er knallende geluiden bij.
- De donder laat alles trillen en schudden. Laat je hele lijf schudden, zo hard als je kunt. Je hoofd, je schouders, je buik, je billen, je armen en benen. Maak er geluid bij!
- De donder heeft de bliksem losgemaakt, alles wat er nog aan spanning is, wordt door de bliksem naar de aarde geflitst. Strek je armen omhoog en haal diep adem, houd je adem even vast en flits dan snel op een uitademing naar beneden in een zigzaggende of rollende beweging. Laat je handen alle spanning in de grond slaan (met platte hand, belangrijk om de energie af te voeren en een grens te voelen).
- Ga inademend weer rechtop staan en herhaal de beweging een aantal keren.
- Dan komt de regen los, tokkel met je vingers op je hoofd, schouders, buik, rug, benen, spring erop los. De regen wordt zachter en zachter, heel zachte lichte druppels vallen van je vingers, die vanuit de losse pols vrolijk in het rond spetteren, het is alsof ze de schoongewassen wereld begroeten.
- En na regen komt zonneschijn, je gaat heel rustig zitten of liggen (luister naar het rustige muziekje).
- Voel dan in je lijf hoe het nu is, voel hoe je adem weer ruimte krijgt, adem in en rustig weer uit. Geniet van de rust en rek je maar eens lekker uit, zodat je met frisse moed weer verder kunt gaan.
- Doe aan het eind eventueel een korte ontspanningsoefening.

## Wapenschild maken

Met deze oefening kun je even stilstaan bij jezelf. Het gaat om:
- vormgeven van sterke en zwakke kanten van jezelf;
- vormgeven aan vaardigheden, angsten, dromen en wensen.

Voor deze oefening heb je (gekleurd) karton en mooie materialen nodig, zoals veren, kraaltjes, bloemen enzovoort. Maak van het (gekleurde) karton en met andere materialen een echt mooi persoonlijk wapenschild. Om goed voor jezelf te kunnen zorgen, is het belangrijk dat je jezelf kunt begrijpen en aanvaarden zoals je bent. Iedereen heeft speciale gaven, dingen waar hij goed in is. We hebben ook allemaal onze eigen fantasieën en dingen waar we bang voor zijn. Het maken van een schild is een manier waarop jij kunt laten zien wat er aan jou speciaal is. Als je weet wat je sterke kanten zijn, kun je beter je kracht gebruiken en op jezelf vertrouwen. Als je weet wat je zwakke kanten zijn, kun je je daartegen wapenen en hulp vragen als het nodig is. Door een wapenschild te maken, maak je een magisch schild waarmee je laat zien wie je bent en waar je kracht uit kunt putten. Veel knutselplezier!

## Dobbelen voor het leven

Deze oefening kun je alleen maar uitvoeren als je in het bezit bent van het spel Dobbelen voor het leven. Dit spel is ook erg goed te gebruiken om met het gehele gezin, vrienden of kennissen te spelen. Het spel Dobbelen voor het leven is niet los in de winkel verkrijgbaar. Misschien is de school waar je op zit in het bezit van het *Handboek Socialevaardigheidstraining* en het spel en kun je het daar lenen. Het is ook verkrijgbaar via de site www.uitgeverij-quirijn.nl.

# Bijlage 1: Kernbegrippen uit de (contextuele) begeleiding

In dit boek komen allerlei termen en begrippen voor die van belang zijn. Veel van deze begrippen worden ook in andere contexten gebruikt. Hier wordt uitsluitend een beschrijving gegeven van het gebruik van deze termen in het perspectief van de begeleiding van sociaal onhandige kinderen. Ouders/verzorgers kunnen deze lijst gebruiken om snel de betekenis van een term op te zoeken. De omschrijvingen zijn voor een deel ontleend aan de 'Toelichting bij de contextuele begrippen' in de publicatie *Leren over leven in loyaliteit* (Michielsen, Van Mulligen & Hermkens, 1999, p. 279-286).

### Ademhaling
Bij veel sociaal onhandige kinderen reageert het lichaam sterk in sociale situaties. Dit is bijvoorbeeld te merken aan een versnelde en vaak oppervlakkige ademhaling.

### Adrenaline
In sociale situaties maken de bijnieren vaak het hormoon adrenaline aan als het lichaam zich klaarmaakt om te vluchten of te vechten.

### Context
Ieder mens is verweven in een netwerk van relaties, waarin het geven en ontvangen van (passende) zorg belangrijk is. De context omvat huidige, vroegere, ook overleden, en toekomstige relaties, zoals (groot)ouders, pleeg/stief ouders, adoptiefouders, broers/zussen, vrienden en kennissen. In een context hebben allen invloed op allen. Onderscheiden worden: de primaire context (de directe familieleden, het thuis), de secundaire context (zoals werk, collega's, school) en de tertiaire context (zoals vrije tijd, clubs, kerk).

### Dialoog
Een dialoog is meer dan de tegenhanger van een monoloog. Vaak wordt gedacht dat een dialoog een gesprek is tussen twee mensen. In

de contextuele benadering is een dialoog echter meer dan alleen met elkaar spreken: het betekent een werkelijke ontmoeting tussen mensen als persoon, gebaseerd op wederzijdse erkenning. Een dialoog heeft een helende werking, omdat beider zelfwaardering en zelfafbakening erdoor worden versterkt.

### Dynamische driehoek

De dynamische driehoek symboliseert de relationele context van ieder mens. De hoekpunten verbeelden de mens als kind, als ouders en de buitenwereld, in dit boek de mensen in de school. Deze zijn onderling verbonden door de zijden van de driehoek. De ene zijde is de verticale loyaliteitsband tussen ouders en kind, de andere zijde is de horizontale band van de ouders met de school en de horizontale band van het kind met de school. Het gebied binnen de driehoek verbeeldt de ruimte die het kind heeft om zich te ontwikkelen en te groeien. Zie de afbeelding bij 6.1 Naarmate de relaties (verbeeld door de lijnen) verstoord of verbroken worden, is ook de groeiruimte opengebroken, minder gestructureerd. De driehoek noemen we dynamisch omdat de verschillende partijen in de relaties voortdurend bezig zijn (dynamiek) met geven en ontvangen. Zolang daarin evenwicht bestaat, zijn er optimale groeikansen voor het kind; een gebrek aan evenwicht verkleint de ontwikkelingskansen.

### Erkennen

Erkennen heeft in dit boek een contextuele betekenis en is meer dan belonen, waarderen, een schouderklopje, bedankje, begrip tonen of terugkoppelen, alhoewel dat er wel uitingsvormen van zijn. Je voegt eraan toe wat het voor jou betekent dat de ander dat voor jou heeft gedaan. Erkenning betekent de ander in zijn context aanvaarden, ontmoeten en bevestigen. Twee elementen ervan zijn: erkennen van de verdienste (dat wat hij heeft gedaan) en erkennen van het onrecht dat hem is aangedaan of overkomen. Erkenning leidt tot vergroting van eigenwaarde en versterking van zelfafbakening.

### Evenwicht tussen geven en ontvangen

Ieder mens wordt gevend geboren. Het geven moet worden gezien en gecommuniceerd. Een mens heeft ook recht op ontvangen. Beide moeten wel passend zijn (horen bij de leeftijd). Tussen geven en ontvangen dient een evenwicht te bestaan. Als er langdurig een onbalans is gaan mensen hier last van krijgen.

### Feedback

Terugkoppeling, dat is wat iemand (bijvoorbeeld je kind) terugkrijgt voor zijn prestaties. Feedback kan positief of negatief zijn, en zowel taakgericht als persoonsgericht (op wie je bent). Als ouder geef je je kind feedback op wat hij doet en wie hij is. Het is niet verstandig om negatieve persoonsgerichte feedback te geven. De ander kan hier namelijk vaak niets mee en je breekt iemand dan ook snel volledig af. Van positieve persoonsgerichte feedback groeien mensen. Dit vergroot de eigenwaarde en het zelfvertrouwen.

### Loyaliteit

Loyaliteit betekent trouw en betrouwbaar zijn, opkomen voor iemand met wie je een relatie hebt, er voor iemand toe doen, op basis van een balans tussen geven en ontvangen. Loyaliteit is er altijd en deze is ook vaak de oorzaak van de onbalans: hoe slechter de ouders, hoe loyaler het kind. Hoe sterker de onderlinge band, des te sterker de onderlinge loyaliteit. En andersom. Zo kunnen onderscheiden worden:
- horizontale loyaliteit, die bestaat in gekozen relaties: partners, vrienden, collega's; deze relaties kunnen eventueel worden beëindigd;
- verticale loyaliteit, die bestaat tussen generaties en die trouw betekent aan hen van wie men het leven ontving of aan wie men het leven heeft gegeven.

### Meerzijdige partijdigheid

Meerzijdige partijdigheid is de attitude of vaardigheid om op te komen voor de belangen van alle betrokkenen (al of niet aanwezig, al of niet nog in leven), inclusief de belangen van jezelf. Je hebt begrip voor alle partijen. Je gaat samen op zoek naar oplossingen en je bent niet beschuldigend maar verbindend. Het is wat anders dan je neutraal opstellen. In dat laatste geval is er vaak geen sprake van activiteit, terwijl meerzijdig partijdigheid hard werken is. Het is een contextuele grondhouding om beide partijen te respecteren, dus voor beiden partij te kiezen.
Dat is kiezen vóór de een en niet tegen de ander, aan beide partijen ruimte geven en respect betonen, oog hebben voor beider belangen.

### Onrecht

Onrecht kan je worden aangedaan (vergeldend onrecht) of je overkomen (toedelend onrecht). Als iemand onrecht heeft ervaren, vindt hij dat hij recht heeft op genoegdoening. Genoegdoening begint met erkenning van het onrecht. Als die erkenning uitblijft, wordt deze soms gezocht bij onschuldige derden in de vorm van destructief gedrag. Dat kan eveneens gebeuren als het onrecht door een ander is aangedaan, maar de schuldige niet kan worden aangesproken.

### Ontschuldigen
Ontschuldigen is: de schuld niet of minder aanrekenen. Je gaat op zoek naar wat maakt dat jou onrecht is aangedaan. Dit maakt mild. Als bijvoorbeeld ouders hun kind onrecht hebben aangedaan, kunnen er in een dialoog tussen ouders en kind omstandigheden en intenties aan het licht komen die tot het onrecht hebben geleid. Dit kan ervoor zorgen dat het kind hun de schuld minder aanrekent. Zelfs als de ouders de schuld niet (kunnen) erkennen, kan het kind hen ontschuldigen. Dat is iets anders dan verontschuldigen (= begrip hebben voor het onrechtvaardige gedrag) en ook iets anders dan vergeven (= de schuld uitwissen). Als de boosheid over de schuld aanleiding was voor destructief gedrag, kan dat vervolgens worden omgezet in constructief gedrag. Zo wordt de roulerende rekening (zie verderop) tot staan gebracht.

### Parentificatie
De situatie waarin het noodzakelijke evenwicht tussen geven en ontvangen tussen ouders en kinderen uit balans is doordat het kind de rol en/of de belangen van een ouder krijgt toebedeeld en aanvaardt. Parentificatie hoeft niet altijd destructief te zijn. Als het kind erkenning krijgt voor zijn geven en als het geven past bij zijn leeftijd, dan is parentificatie constructief. Dat gebeurt onder andere als het kind de rol krijgt van mede- of hulpouder (zorg voor gezin en huishouden) of zich ouder dan wel jonger gaat of moet gaan gedragen.

### Rechtstreeks aanspreken
Dit betekent dat je de ander niet beschuldigend en zonder omwegen zegt wat je wilt zeggen. Het kan gaan om negatieve of positieve boodschappen. Daarbij probeer je tegelijk, met zorg en respect voor elkaar, het evenwicht van geven en ontvangen tussen jullie beiden te bewaren en/of te herstellen. Degene die rechtstreeks aanspreekt moet er rekening mee houden dat de ander zich hier of elders tekort gedaan kan voelen, te veel moest geven, of te weinig heeft ontvangen.

### Roulerende rekening
Als mensen onrecht hebben ervaren, neigen zij ertoe om de schuld op onschuldige derden te verhalen, waardoor ze op hun beurt nieuw

onrecht veroorzaken. Dat noemen we de roulerende rekening. Het gaat bijvoorbeeld om ouders die het door hun eigen ouders (verticale verbindingen) aangedane onrecht vereffenen met hun kinderen. Of de openstaande rekening vereffenen in relaties met horizontale verbindingen.

## Vermijdingsgedrag

Gedrag waarmee een kind laat zien dat hij liever aan een situatie wil ontsnappen. Zichtbaar gedrag kan zijn: uitstellen, afwachten of zich proberen te verbergen.

## Weerstand

Weerstand betekent verzet. Met weerstand beschermen we het meest kwetsbare van onszelf. Achter weerstand zit altijd een verlangen. Veranderen doet vaak pijn en roept verzet op. Vaak wil het kind de beoogde gedragsverandering niet gaan uitproberen uit angst voor een onzekere, nieuwe toestand. Dit is meestal een teken van gebrek aan vertrouwen en veiligheid. Je kunt pas veranderen als je het voordeel ervan inziet. Door de weerstand te zien en deze te benoemen (erkennen), kan het ook een bron van energie worden, waarmee je kunt werken en het veranderingsproces op gang kunt brengen.

## Zelfafbakening

In menselijke relaties gaat het om een wederzijdse behartiging van belangen. Zelfafbakening is het besef dat je terecht en met succes voor je eigen belangen op kan en mag komen, zonder dat je daarmee de belangen van de ander hoeft te negeren.

## Zelfbeeld

De kijk die iemand op zichzelf heeft. Eigenschappen die het kind gebruikt om zichzelf te beschrijven. Ook wel zelfconcept genoemd. Het bevat de antwoorden op vragen als: wie ben ik, wie zou ik willen zijn, welk beeld hebben anderen van mij, doe ik er toe, ben ik de moeite waard? Veel sociaal onhandige kinderen geven negatieve antwoorden op deze vragen.

## Zelfvertrouwen

Een positief gevoel dat je ervaart als er bij taken eisen aan je gesteld worden. Als iemand een gebrek aan zelfvertrouwen heeft, komt dit vaak tot uiting in angst in de betreffende situatie.

**Zelfwaardering**
Zelfwaardering, ook wel 'zelfvalidatie' genoemd, betekent dat je beseft dat je 'ertoe doet', dat je de moeite waard bent. Dit ontstaat wanneer jouw (passend) geven is gezien en dit in dialoog erkenning krijgt.

# Bijlage 2: Formulieren bij de oefeningen

1 Schrijf bij G-1 Gebeurtenis een spannende gebeurtenis op die bij jou een vervelend gevoel oproept.
2 Schrijf bij G-3 Gevoelens/Gedrag op wat je bij jezelf waarneemt. (Wat voel je bij jezelf, wat zien anderen aan jouw gedrag, wat gebeurt er met jou?)
3 Schrijf bij G-2 Gedachten de gedachten op die de spannende gebeurtenis bij jou oproepen.
4 Schrijf bij G-3 Wensgevoelens/-gedrag op hoe je je zou willen voelen.
5 Stel jezelf bij iedere gedachte twee vragen.
   a Is deze gedachte absoluut en voor 100% waar?
   b Helpt deze gedachte mij bij het doel dat ik mezelf heb gesteld?

De volgende stap is dat je de niet-helpende gedachten vervangt door helpende gedachten.

6 Schrijf bij G-2 Helpende gedachten die gedachten op die jou helpen je doel te bereiken.
7 Schrijf bij G-3 Nieuwe gevoelens/gedrag op hoe je je met de helpende gedachten in deze situatie voelt.

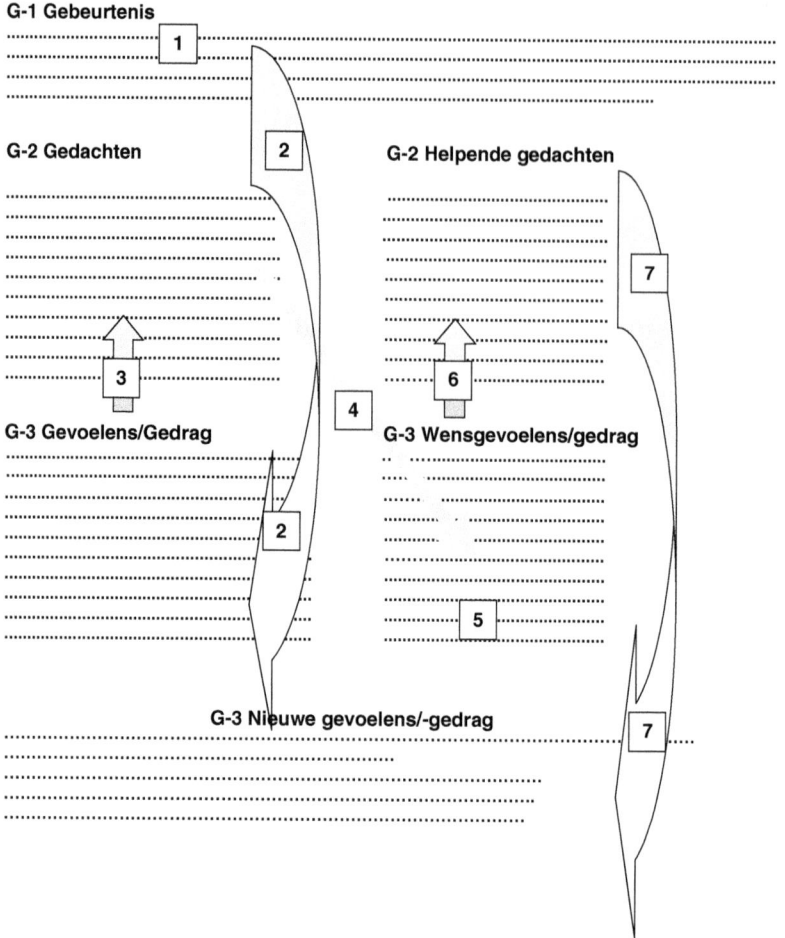

GGGG-schema

## De pot verwijt de ketel ...

1. Slik/accepteer/neem het verwijt (100%) → REGISTREER gevoelens en gedachten

| Gevoelens | Gedachten |
|---|---|
|  |  |

2. Ga in de verdediging → REGISTREER gevoelens en gedachten

| Gevoelens | Gedachten |
|---|---|
|  |  |

3. Splits het verwijt;   - wat jij neemt
   - wat je laat bij de ander
   → REGISTREER gevoelens en gedachten

| Gevoelens | Gedachten |
|---|---|
|  |  |

# Nawoord

Je verdiepen in het gedrag van kinderen of van jezelf als volwassene is een proces waarin anderen per definitie een rol spelen. Het is ook een proces waarvan de uitkomsten niet voorspelbaar zijn. Deze onvoorspelbaarheid kan mensen onzeker maken, maar draagt tegelijkertijd een zekere positieve spanning in zich. Dit noemen wij de spanning van de hoop, de hoop dat het persoonlijk functioneren zodanig kan veranderen dat de kwaliteit van leven en het welbevinden toeneemt.
Wat ik zo bijzonder vind is dat training op dit gebied mogelijk is zonder dat de betrokkenen zich slachtoffer hoeven te voelen. Het gaat niet om een 'behandeling' van een willoos subject, dat alles maar moet laten gebeuren. Door de specifieke opzet van onze methode gaat het kind ervaren dat het zelf invloed kan uitoefenen op zijn gedrag. Tijdens de oefeningen en opdrachten ervaren het kind en ook zijn ouder(s)/verzorger(s) veel plezier. Dit alles is voor het kind en zijn ouder(s)/verzorger(s) een sterke prikkel en stimulans om zich verder te ontwikkelen, waardoor het zelfvertrouwen, de eigenwaarde en de zelfvalidatie toenemen. Hierdoor neemt ook de sociaal-emotionele betrokkenheid toe. Dit alles heeft weer invloed op het functioneren van het kind en zijn ouder(s)/verzorger(s) in hun context.
Dat ook de anderen, de volwassenen, ouders en/of leerkrachten, hierbij een rol spelen, betekent dat samenspraak en samenspel nodig zijn. Van deze samenwerking kunnen alle partijen leren.
Dit boek is bedoeld om op weg te gaan. Een weg die niet altijd bekend zal zijn. Een weg die zich goed laat beschrijven door Winnie de Poeh in het boekje *Tao van Poeh* (Benjamin Hoff, 1994).

*Voor het kennen van de Weg,*
*Moeten we gewoon op Weg.*
*Je dingen doen,*
*Liefst met plezier*
*(dat hoeft niet daar,*
*je kan 't ook Hier)*
*Heel simpel op de Poeh-manier.*
*Maar ga niet Zoeken naar de Weg,*
*Want je zal zien, dan is hij weg!*
*Ik ben ik*
*En jij bent jij,*
*Dat weten we allebei;*
*Maar als je nu dingen doet,*
*De dingen die jij kan,*
*Dan vind je heus de Weg vanzelf,*
*En de Weg komt achter je an.*

Wij wensen jullie allen een goede reis.

# Bronnen

Apacki, C. (1994). *Energize!* Amstelveen: Quest International.
Boszormenyi-Nagy, I. & Krasner, B.R. (1994). *Tussen geven en nemen: over contextuele therapie.* Haarlem: De Toorts.
Deen, N., e.a. (1996). *Handboek leerlingbegeleiding: een praktische handleiding.* Alphen aan den Rijn: Samsom.
Deen, N., e.a. (1996). *Handboek leerlingbegeleiding: zelfonderzoek.* Alphen aan den Rijn: Samsom.
Delfos, M. (2000). *Kinderen en gedragsproblemen.* Lisse: Swets & Zeitlinger.
Drost, D.M. (1996). *Mensen onder elkaar: psychologie van sociale interacties.* Utrecht: De Tijdstroom.
Galenkamp, H., Harst, A. van Der & Roelofs, F. (2003). *Ontwikkelen van emotionele intelligentie: praktijkboek voor de leraar.* Baarn: HB Uitgevers.
Gieles, P. (1993). *Een tas voor huiswerk: Ouders en hun brugklasser.* Nijmegen: Berkhout.
Hollander, J., Derks, L. & Meijer, A. (1990). *Neuro-Linguïstisch Programmeren in Nederland; basistechnieken en artikelen.* Cothen: Servire.
Hoogenkamp, M., Joosten, F., & Voorst van Beest, K. van (2001). *Sociale competentie: een vak apart.* Leuven/Leusden: Acco.
Horst, W. ter (2002). *Onderwijzen is opvoeden.* Kampen: Kok.
Kool, J. (2000). *Ho, tot hier en niet verder.* Leuven/Leusden: Acco.
Kuijer, G. (1980). *Het geminachte kind.* Amsterdam: Synopsis.
Michielsen, M., Mulligen, W. van & Hermkens, L. (1999). *Leren over leven in loyaliteit: over contextuele hulpverlening.* Leuven/Amersfoort: Acco.
Mulligen, W. van, Gieles, P. & Nieuwenbroek, A. (2001). *Tussen thuis en school; over contextuele leerlingbegeleiding.* Leuven/Amersfoort: Acco.
Mulligen, W. van, Gieles, P. & Nieuwenbroek, A. (2001). *Contextueel leidinggeven in het onderwijs.* Leuven/Amersfoort: Acco.
Nieuwenbroek, A. (1989). *Leerlingbegeleiding en gezin.* 's-Hertogenbosch: KPC Groep. Nijmegen: Berkhout
Nieuwenbroek, A. (1998). *Faalangst en ouders.* Kampen: Kok Lyra.
Prinsen, H. & Terpstra, A. (2004). *Handboek Sociale vaardigheidstraining.* Esch: Quirijn.
Smith, P. (2000). *EQ training.* Baarn: Bosch en Keuning.
Tielemans, E. (1994) *Energize II.* Amstelveen: Quest International.
Veenbaas, W. (1994). *Op verhaal komen: werken met verhalen en metaforen in opleiding, training en therapie: nieuwe wegen met NLP.* Utrecht: Scheffers.

Zie voor meer informatie ook de onderstaande websites
www.opvoedadvies.nl
www.slo.nl
www.sociaalvaardig.nl
www.xzellent.nl

# Over de auteur

Herberd Prinsen heeft een eigen praktijk voor psychotherapie voor met name pubers, hun ouders en docenten. Verder heeft hij een trainings- en adviesbureau (www.hpc.nu) voor het onderwijs en organisaties in het bedrijfsleven.
Hij heeft een ruime ervaring op onderwijsgebied, hij was tien jaar leerlingbegeleider/counselor en tot begin 2009 nog actief als docent biologie, mens & maatschappij.
Hij heeft een aantal publicaties op zijn naam staan, onder meer (samen met A. Terpstra) *Handboek Sociale vaardigheidstraining* (2004; Esch: Quirijn).

GPSR Compliance

The European Union's (EU) General Product Safety Regulation (GPSR) is a set of rules that requires consumer products to be safe and our obligations to ensure this.

If you have any concerns about our products, you can contact us on

ProductSafety@springernature.com

In case Publisher is established outside the EU, the EU authorized representative is:

Springer Nature Customer Service Center GmbH
Europaplatz 3
69115 Heidelberg, Germany

www.ingramcontent.com/pod-product-compliance
Ingram Content Group UK Ltd.
Pitfield, Milton Keynes, MK11 3LW, UK
UKHW051251180426
11947UKWH00020B/1654